L'ARCHITECTURE GRECQUE

Dans la série *références* ▪ ART

Charles Avery
La Sculpture florentine de la Renaissance

André Fermigier
Picasso

Francis Haskell
L'Amateur d'art

Antonio Pinelli
La Belle Manière
Anticlassicisme et Maniérisme dans l'art du XVIe siècle

Madlyn Millner Kahr
La Peinture hollandaise du siècle d'or

MARIE-CHRISTINE HELLMANN

L'Architecture grecque

LE LIVRE DE POCHE

Série *références* ■ Art grec
dirigée par Bernard Holtzmann

Élève de Roland Martin, Marie-Christine Hellmann a intégré l'École française d'archéologie d'Athènes en 1975, après l'École normale supérieure (Sèvres). Elle a soutenu en 1983 une thèse de 3e cycle sur l'architecture des Cyclades au VIe siècle av. J.-C., puis, en 1990, une thèse d'État consacrée au vocabulaire de l'architecture grecque, d'après les inscriptions de Délos. Elle s'est également intéressée aux dessins d'architecture grecque réalisés aux XVIIIe et XIXe siècles. Aujourd'hui directeur de recherche au CNRS, en tant que responsable du bureau lyonnais de l'Institut de recherche sur l'architecture antique, elle coordonne un bulletin de bibliographie analytique d'architecture du monde grec, et a assumé l'achèvement du tome III du *Dictionnaire méthodique de l'architecture grecque et romaine*, après le décès de René Ginouvès.

Sommaire

Introduction

L'architecture grecque est toujours vivante ; en témoignent aussi bien des programmes immobiliers pompeusement dénommés « Parthénon » ou « Propylées », si bétonnés soient-ils, que les galeries commerciales et les espaces de réunion baptisés *agora*, sans oublier les décors ou les multiples logos qui s'inspirent de formes grecques. Néanmoins, ces formes de référence, en nombre limité, sont toujours à peu près les mêmes, de sorte que la manière dont le public perçoit l'architecture grecque ne semble guère avoir changé, depuis bien des décennies.

Pourtant, la multiplication des fouilles et des études systématiques, surtout durant le dernier quart de ce siècle, par des spécialistes de plusieurs pays, a fait sensiblement évoluer notre connaissance de cette architecture, en permettant de l'approfondir et de la diversifier. Ces quelques pages tentent de résumer les principales étapes de ces avancées, en essayant de se garder aussi bien des jugements subjectifs que des généralisations, deux tentations fortes en pareil domaine. Et s'il a pu avant tout pousser le lecteur à regarder ces pierres et à s'imprégner de leur langage, sur les sites grecs eux-mêmes, ce livre aura atteint son but.

Les caractères fondamentaux de l'architecture grecque restent assurément tels qu'ils ont été décrits au siècle dernier, avec le recours aux ordres, et le temple dorique périptère peut à bon droit être considéré comme le principal symbole et le condensé de cette architecture. Il n'en demeure pas moins que la définition traditionnelle des ordres doit être nuancée, tout comme l'importance relative des divers types d'édifices grecs.

En effet, outre le temple, d'autres bâtiments sont aujourd'hui mieux connus que naguère, comme les maisons d'habitation et les fortifications, et plusieurs constructions, par exemple en architecture funéraire, se révèlent typiques d'une région, à une certaine époque. Ce sont ces édifices que nous présenterons, principalement dans leur cadre régional, tout en mettant l'accent sur leur situation les uns par rapport aux autres et plus généralement sur la conception urbanistique des Grecs, un thème qui trouve aujourd'hui bien des échos.

Certes, la division chronologique des chapitres que j'ai adoptée peut paraître artificielle, car les transformations artistiques s'étalent le plus souvent sur une longue période et ne coïncident qu'approximativement avec les dates butoirs avancées par les historiens pour distinguer les époques archaïque, classique et hellénistique. Il n'en demeure pas moins que cette division a le mérite de la commodité et de la clarté, tout en permettant de mieux ancrer les mouvements et les faits artistiques dans la réalité de l'Antiquité. Il va de soi qu'elle n'implique aucun jugement de valeur : le temple classique n'est sans doute pas le « sommet » de l'architecture grecque, les monuments qui précèdent la bataille de Marathon ne sont pas de naïfs balbutiements, et la mort d'Alexandre le Grand ne marque pas le début de la décadence de l'art, comme on l'a parfois écrit.

Surtout, il m'a paru nécessaire de commencer par rechercher les hommes derrière les matériaux et les monuments : qui sont les constructeurs, ces architectes et ces artisans, sur lesquels nous possédons des documents qui permettent d'évaluer leur mode d'activité et leur statut social ?

N. B. – Sauf précision explicite, les dates s'entendent avant J.-C.

1

Les architectes, les artisans et la construction

Architektôn, littéralement « maître charpentier » : le mot est employé pour la première fois au Ve siècle, dans l'œuvre de l'historien Hérodote, alors que les poèmes homériques, au VIIIe siècle, ne connaissaient que le *tektôn*, « menuisier » ou « charpentier », soit l'ouvrier par excellence. Tel quel, le terme suffit à faire comprendre que dans le monde grec l'architecte est issu du milieu des artisans. Pour mieux cerner les architectes grecs, nous disposons d'inscriptions (contrats, cahiers des charges, comptes, dédicaces, signatures, décrets, épitaphes, etc.) et d'allusions dans des textes littéraires grecs et latins (en particulier chez Pausanias, Plutarque, Vitruve et Pline l'Ancien) ; nous pouvons aussi analyser les ruines pour tenter d'y retrouver leur démarche.

Cette documentation montre que l'*architektôn* devait être polyvalent, à la fois architecte, au sens où nous l'entendons aujourd'hui, et ingénieur (c'est notamment le cas pour le tunnel d'Eupalinos à Samos) ; d'autres, comme Satyros et Scopas de Paros, étaient à la fois architectes et sculpteurs, un peu à la manière de Michel-Ange. Leur renommée, surtout à l'époque archaïque, où l'architecture grecque prend peu à peu sa forme canonique, reposait fréquemment sur des inventions techniques ou des exploits d'ingénieur, ainsi que le suggère cette évocation du chantier de l'Artémision d'Éphèse par Pline l'Ancien[1] :

> [Le temple d'Artémis d'Éphèse] fut bâti en terrain marécageux pour éviter à la fois les tremblements de terre et les crevasses. D'autre part, afin que les fondations d'une telle masse ne fussent pas sujettes aux glissements ou instables, on les fit reposer sur un lit de charbon de bois damé, et ensuite sur un lit de peaux de moutons avec la laine. La longueur totale du temple est de 425 pieds, sa largeur de 225 ; ses 127 colonnes ont chacune été offertes par un roi, elles ont 60 pieds de haut. Trente-six sont sculptées en relief, dont l'une par Scopas. L'architecte qui dirigea les travaux fut Chersiphron. C'est une réussite merveilleuse que d'avoir été capable de monter les pièces d'architrave d'un monument aussi grand. Il y parvint avec des paniers d'osier pleins de sable qu'il amoncelait sur un plan incliné s'élevant en pente légère jusqu'au sommet des colonnes, puis il vidait progressivement les paniers du bas, de sorte que l'ouvrage se mettait insensiblement en place. Mais la pire difficulté lui vint du linteau qu'il voulait disposer au-dessus de la porte. C'était en effet la masse la plus importante et on n'arrivait pas à la mettre sur son assise. Dans son angoisse, l'ingénieur se demandait s'il n'allait pas se suicider. On raconte que, avec cette idée en tête à cause de son état d'épuisement, la nuit il vit en dormant la déesse pour laquelle on construisait le temple, qui l'exhortait à vivre : elle avait mis la pierre en place. Et lorsque le jour suivant se leva, on s'aperçut que c'était fait. Il semblait que le bloc s'était mis en place par son seul poids.

La mention d'un plan incliné en sable suggère un emprunt fait par les Grecs à l'Égypte, où cette méthode était bien connue : halé au sommet de la rampe, le bloc

1. *Histoire naturelle*, XXXVI, 95-97. Traduction M.-C. H., comme toutes celles qui suivent.

est roulé à sa place définitive sur des paniers ou sacs de sable, que l'on vide pour finir. Mais comme d'autres sources latines, celle-ci est sujette à caution : n'ayant pas vu lui-même le temple en question, Pline ne fait que reprendre à sa manière, au Ier siècle ap. J.-C., une source grecque, tout en amalgamant les deux états successifs du temple d'Artémis, celui du VIe et celui du IVe siècle. Les écrits des architectes grecs mentionnés par des auteurs latins étant perdus, et les sources littéraires restant souvent déroutantes ou contradictoires, rien ne vaut le témoignage de l'épigraphie pour mieux situer nos hommes, même si les inscriptions architecturales conservées ne sont pas antérieures à la seconde moitié du Ve siècle, soit très précisément l'époque de Périclès à Athènes.

Il faut d'ailleurs faire une distinction entre les divers types de documents gravés sur pierre pour satisfaire à la transparence de la gestion, nécessaire dans une démocratie : les textes, plutôt rares, qui traitent vraiment du processus architectural, en donnant des détails techniques et métriques (contrats, cahiers des charges), ne livrent pas tout à fait le même genre d'informations que ceux, nettement plus nombreux, qui relèvent avant tout de la démarche administrative et financière. Ainsi, en l'an 407, sur l'Acropole d'Athènes, les comptes de la fin du chantier de l'Érechtheion* révèlent que, sur 109 personnes actives, il y a 2 architectes, 1 secrétaire, 1 surveillant, 44 tailleurs de pierres, 9 sculpteurs, 2 modeleurs sur cire, 7 sculpteurs sur bois, 19 charpentiers, 3 menuisiers, 1 tourneur, 3 peintres, 1 doreur, 9 manœuvres et 7 travailleurs à la fonction non définie[2]. Les travaux très spécialisés (ici, ce sont les sculptures de la frise et les cannelures des colonnes) sont payés à la pièce, mais généralement le personnel touche 1 drachme par jour, qu'il s'agisse des archi-

2. *Inscriptiones Graecae* I^3, 476. Analyse et traduction partielle dans M. AUSTIN, P. VIDAL-NAQUET, *Économies et société en Grèce ancienne* (Paris, 1972), p. 300-307.

tectes ou des ouvriers, qui doivent travailler tous les jours sans relâche : dans ce cas, le seul – mais réel – privilège de l'architecte vient de son salaire garanti pour toute l'année. Autre fait notable, les deux architectes, Philoclès d'Acharnes et Archiloque d'Agrylè, ont le statut de citoyen, alors que les ouvriers, qualifiés ou manœuvres, sont plus souvent des métèques, c'est-à-dire des étrangers domiciliés, que des citoyens ; certains tailleurs de pierres et des charpentiers sont même des esclaves, dont le salaire est encaissé par le maître.

En fait, jointes à d'autres, les inscriptions de l'Érechtheion dévoilent qu'existaient en Grèce deux sortes d'architectes : d'une part le concepteur du projet, qui peut jouir d'une certaine notoriété et d'une estime durable (tel Ictinos pour le Parthénon), au point d'être demandé hors de sa cité (ce fut le cas de Chersiphron de Cnossos, et aussi d'Ictinos), d'autre part celui qui fait exécuter un projet de longue haleine, suit et vérifie les travaux pendant une période donnée, en général une année renouvelable, avant de céder la place à un autre. Dans cette deuxième catégorie, qui regroupe de modestes techniciens médiocrement payés, tout en étant financièrement responsables, entrent un grand nombre d'architectes dont les textes épigraphiques négligent souvent de nous donner le nom : ce n'était pas jugé nécessaire, puisque seul le titre importait pour le formalisme. Aux IVe et IIIe siècles, dans les contrats et les comptes de Délos reviennent sans cesse les formules consacrées : « conformément à ce que le peuple avait décrété et aux instructions de l'architecte », « en le faisant de la façon qui plaît à l'architecte », et le paiement ne peut se faire que « sur avis favorable de l'architecte », qui a mesuré les blocs et surtout procédé à la réception des travaux. Lorsque, par chance, le nom de l'architecte rétribué par le sanctuaire de Délos est précisé et conservé, nous constatons qu'existaient de véritables dynasties du bâtiment, ces architectes pouvant être d'anciens ouvriers ou entrepreneurs. C'est ainsi que dans la première moitié du IIIe siècle, Phanéas, fils de Kaikos (lui-même entrepreneur), est payé pour divers travaux de menuiserie avant de devenir architecte salarié du sanctuaire d'Apollon, et son frère Antigonos a peut-être suivi la même voie. À Delphes, où le premier architecte du temple d'Apollon du IVe siècle était un nommé Spintharos, lui succédèrent Xénodôros, puis Agathon : le fils de ce dernier, Agasicratès, prit sa suite, avant l'arrivée sur le chantier de son propre fils, Agathoclès. Tous apprenaient donc vraisemblablement leur métier sur le terrain et souvent en famille, par un long apprentissage, où ils devaient aussi acquérir les connaissances très diverses utiles à l'exercice de cette profession, à commencer par des notions mathématiques et financières. Mais tous les architectes ne devaient pas être égaux sur le plan de la culture générale et de la qualification en mathématique : si certains monuments, construits à partir de calculs ou de tracés géométriques plus ou moins complexes, supposent de bonnes bases théoriques (comme le recours aux approximations des grandeurs incommensurables ou au partage harmonique d'une droite, avec le rabattement d'une partie de la diagonale d'un carré), ce n'était pas nécessairement le cas de tous les bâtiments édifiés.

À ce jour, nous connaissons les noms de plus d'une centaine d'architectes grecs : c'est un chiffre faible, si l'on songe au grand nombre de monuments qui restent anonymes et à la masse des travaux que ces hommes ont dû assumer, des plus simples aux plus complexes. Nous avons vu qu'au VIe siècle l'architecte de l'Artémision d'Éphèse – qui travaillait d'ailleurs avec son fils, Métagénès – dut faire face à des situations difficiles, mais il n'en allait sans doute pas de même pour son confrère responsable de la « ligne de départ de l'hippodrome », selon des comptes postérieurs du sanctuaire de Delphes ; enfin, s'occuper de faire graver, puis dresser la stèle portant l'inscription relative aux travaux devait être de la petite routine pour tel autre architecte. À côté de la mise au point de machines de levage ou de l'aménagement de canalisations, et de tout ce qui relève du génie (ponts, tunnels), d'autres se sont spécialisés dans les ouvrages de défense, voire l'architecture navale : on sait par une base inscrite que le roi Ptolémée II Philadelphe fit élever une statue à l'architecte Pyrgotélès, pour avoir conçu deux galères. Et dans l'Égypte gréco-romaine, ce sont des architectes, plutôt que des entrepreneurs, qui étaient directement chargés de l'extraction et du transport des blocs depuis les carrières, ce qui s'explique sans doute par le recours, dans cette région, à des pierres dures et lourdes posant des problèmes techniques : granite, basalte, porphyre… qui constituaient un apport coloré et décoratif dans une architecture hellénisée très particulariste. Une chose est toutefois sûre : si l'on excepte les grandes demeures et les palais hellénistiques, les maisons grecques, fort simples, n'étaient pas habituellement l'œuvre d'architectes mais de maçons, peut-être même aidés par le propriétaire – comme il arrive encore aujourd'hui.

Alors qu'ils ont dû dépendre des tyrans ou de divers aristocrates à l'époque archaïque – mais nous sommes mal renseignés sur cette période –, les architectes sont ensuite passés au service de la cité classique (tels Callicratès ou Mnésiclès à Athènes), avant de dépendre à nouveau de princes ou de dynastes : dans tous les cas, la construction publique était bien sentie comme un acte politique. Admis à la cour d'Alexandre le Grand, Deinocratès lui aurait proposé de faire sculpter le mont Athos à son image, celle d'un colosse tenant une ville fortifiée dans sa main gauche et une coupe dans la droite, d'où les eaux de la montagne s'écouleraient vers la mer. S'il n'accepta pas une fantaisie aussi moderne, le souverain lui confia néanmoins la planification d'Alexandrie d'Égypte, ainsi que la conception du fastueux tombeau de son ami Héphaistion. De toute façon, à cette époque plus que jamais, les architectes devaient s'effacer devant le commanditaire, considéré comme le véritable maître d'œuvre : car lorsqu'une inscription sur pierre nous informe qu'Untel « a fait » le monument, il faut normalement comprendre qu'il s'agit du commanditaire, qui l'« a fait [faire] ». C'est pourquoi les signatures assurées d'architectes grecs sont rares, et l'anecdote rapportée par Pline l'Ancien au sujet du phare d'Alexandrie est très révélatrice de cette situation : sur le corps de la construction, l'architecte fit inscrire son nom, recouvert d'une couche de plâtre où il grava le nom du roi Ptolémée son maître, mais avec le temps le plâtre s'écailla et sa signature devint visible, sous forme de dédicace éternelle : « Sostrate de Cnide, fils de Dexiphanès, aux dieux sauveurs » (*Hist. nat.*, XXXVI, 83).

Même s'ils n'avaient guère droit à la signature, les architectes efficaces et talentueux avaient parfois droit à la reconnaissance publique : plusieurs décrets montrent qu'on pouvait leur élever une statue, leur octroyer la citoyenneté d'honneur, les exempter d'impôts, enfin leur confier des missions diplomatiques. Ce genre d'architectes ne semblent pas avoir manqué de revenus, puisque des épitaphes suggèrent qu'ils avaient les moyens de s'offrir un tombeau conséquent. Toutefois, à côté de ces personnages reconnus, la grande majorité des architectes grecs – et *a fortiori* les salariés qui se succédaient rapidement sur des chantiers interminables, comme celui du temple d'Apollon à Didymes – ne devaient pas toujours être bien distingués des simples artisans dont le statut social restait médiocre, parce qu'il s'agissait toujours de travailleurs manuels.

Toujours grâce à l'épigraphie, les procédures par lesquelles une cité grecque décidait d'une construction, choisissait un architecte et les artisans adjudicataires, finançait et réglait les travaux, sont assez bien connues. Tout d'abord, un décret ordonnait que telle construction ou grosse réparation devait avoir lieu. Venait ensuite un concours, où les architectes devaient fournir une maquette ou au moins un schéma, et les commenter devant l'Assemblée du peuple. À ce stade comme par la suite, il semble assuré que l'architecte se servait nettement moins de plans d'ensemble et de dessins cotés qu'aujourd'hui ; si des inscriptions mentionnent des planchettes de bois recouvertes à cet effet de couleur blanche, il est notable qu'aucun plan d'édifice grec n'a été retrouvé à ce jour, alors que nous en connaissons pour l'Égypte et les civilisations voisines : étaient-ils tous en matériaux périssables ? Mais l'architecte grec pouvait plus ou moins se passer de plans par le biais de projets descriptifs détaillés, grâce au « canon » des ordres et à l'existence de systèmes modulaires, complétés par des repères incisés ou tracés un peu partout, à l'aide de minium ou encore de mines de plomb, comme celles qui ont été découvertes sur un chantier d'Égine. N'oublions pas qu'un temple dorique ou même un portique laissaient peu de place à la fantaisie individuelle : le type en était fixé depuis un bon moment, et les commanditaires n'attendaient pas de l'architecte qu'il fît preuve d'innovation mais plutôt d'efficacité, tout en sachant donner à l'édifice ses proportions. En outre, si celui-ci avait un prédécesseur sur place, il se devait d'être plutôt respectueux de l'ancien plan ou des anciennes formes. Bridée de tous côtés, la créativité pouvait mieux s'exprimer dans certaines parties décorées, chapiteaux, éléments de plafond ou de corniche, ou chéneaux : des sculpteurs devaient alors fabriquer des modèles grandeur nature (*paradeigma*), et nous avons même conservé un gabarit de plomb pour reporter le profil d'une moulure.

Un de ces projets descriptifs, qui a finalement fait l'objet d'un contrat écrit (*syngraphè*), a été découvert complet en 1882 près du port de Zéa, au Pirée ; il traite en détail d'un bâtiment très allongé, commencé en 347. Voici le début de ces 97 lignes :

Dieux ! Contrat de l'arsenal en pierre pour les agrès suspendus, par Euthydomos, fils de Démétrios, de Mélitè, et Philon, fils d'Exékestidès, d'Éleusis. [Il y a lieu de] construire un arsenal pour les agrès suspendus à Zéa, commençant au *propylon* à la sortie de l'*agora*, lorsqu'on s'approche par l'arrière des hangars à bateaux couverts d'un toit commun : long de 4 plèthres, large de 55 pieds, murs compris. Après avoir creusé le terrain, jusqu'à une profondeur de 3 pieds à partir du point le plus élevé, et avoir déblayé le reste, que l'on fasse les fondations sur le sol ferme et qu'on les installe avec une surface également plane partout, au niveau. Que l'on fasse aussi les fondations pour les piliers, en laissant un espace de 15 pieds à partir de chaque mur, y compris l'épaisseur du pilier, en comptant dans chaque rangée 35 piliers et en laissant au milieu de l'arsenal un passage pour le public, d'une largeur de 20 pieds entre les piliers. Que l'on donne une épaisseur de 4 pieds aux fondations, en posant les pierres alternativement en long et en large. Que l'on édifie les murs et les piliers de l'arsenal en pierre d'Aktè, après avoir posé l'assise de réglage pour les murs, avec des pierres larges de 3 pieds, épaisses de 3 demi-pieds, longues de 4 pieds, et dans les angles de 4 pieds 3/4. Et sur l'assise de réglage, en son milieu, que l'on pose les orthostates, longs de 4 pieds, épais de 5 demi-pieds et 1 dactyle, hauts de 3 pieds (mais aux angles leur longueur dépend des mesures des triglyphes), après avoir ménagé des baies pour les portes de l'arsenal, sur les deux petits côtés, d'une largeur de 9 pieds. Et que l'on élève au milieu de chaque porte un trumeau, large de 2 pieds, mais profond de 10 pieds vers l'intérieur. Et le mur vers lequel chaque porte ouvrira fera un retour jusqu'aux premiers piliers. On élèvera les murs sur les orthostates, avec des carreaux longs de 4 pieds, larges de 5 demi-pieds (mais aux angles la longueur dépend des mesures des triglyphes), épais de 3 demi-pieds. La hauteur des murs sera de 27 pieds à partir de l'assise de réglage, y compris les triglyphes sous la corniche, mais la hauteur des baies sera de 15 pieds 1/2. On y posera des linteaux en marbre pentélique longs de 10 pieds, d'une largeur égale à celle des murs, et d'une hauteur correspondant à 2 assises, après avoir élevé des jambages en marbre pentélique ou de l'Hymette, et avoir posé les seuils en marbre de l'Hymette. On posera au-dessus des linteaux une corniche avec un débord de 3 demi-pieds. Et l'on fera des fenêtres tout autour, dans tous les murs, à l'endroit de chaque entraxe (mais sur les petits côtés on en fera trois), hautes de 3 pieds et larges de 2 pieds, et l'on adaptera dans chaque fenêtre des volets de bronze bien ajustés [...][3].

Les spécifications nécessaires sont ainsi successivement données, avec une attention particulière portée à la charpente, aux planchers, aux échelles et aux rayonnages. Et comme il s'agit d'un dépôt, l'aération est spécialement étudiée : en montant les murs, il faudra « laisser des fentes dans les joints des carreaux, suivant l'avis de l'architecte ». Mais nous avons vu que ce sont d'abord les fondations qui font l'objet du plus grand soin – surtout celles des piliers intérieurs, disposées en croisillons – , car les Grecs sont conscients des problèmes posés par les zones instables, qu'elles soient sismiques ou marécageuses. À la base des murs l'emploi d'orthostates, en double cours, est un trait caractéristique de la construction grecque, tout comme le mélange de pierres de qualités diverses dans un même bâtiment : ici c'est un calcaire local, la pierre d'Aktè, qui est choisi pour les murs, en association avec les marbres du Pentélique et de l'Hymette pour certaines parties. Le recours à ce type de marbres est habituel dans les édifices attiques des Ve et IVe siècles : en effet, alors qu'à l'époque archaïque ce sont les marbres des Cyclades qui dominent le marché et sont largement exportés, à partir du Ve siècle l'exploitation intensive des diverses carrières régionales fera du marbre le matériau préféré de l'architecture grecque et, parmi les filons attiques, l'excellente qualité du

3. *Inscriptiones Graecae* II^2, 1668.

pentélique, blanc neige et très mat, lui vaudra de rester en usage pendant toute l'Antiquité, tandis que les marbres plus hétérogènes de l'Hymette et d'Agriléza, près du cap Sounion, semblent d'un emploi plus limité.

Grâce à cette sorte de devis suffisamment précis, l'arsenal du Pirée a été maintes fois reconstitué sur le papier [**fig. 1**], mais ses fondations, retrouvées en 1988 au nord du port, permettent à présent de donner une valeur de 32,7 cm à l'unité de mesure. Avec son orientation sud-ouest/nord-est, l'édifice profitait de la direction des vents dominants : le souci du climat et des vents pour l'implantation d'un bâtiment ou d'une ville devait faire partie de la culture météorologique commune à tous les architectes grecs et romains, puisque l'ingénieur romain Vitruve en tenait le plus grand compte, à la suite d'Aristote ou des médecins de l'école hippocratique.

Une fois le projet accepté par le bailleur, qu'il s'agisse du Conseil d'une cité ou de l'administration d'un sanctuaire, celui-ci nommait entre trois et cinq commissaires extraordinaires préposés au chantier, appelés le plus souvent « épimélètes » ou « épistates » (ou encore, pour un temple, « naopes ») ; ce sont eux qui doivent gérer les fonds affectés à la construction et verser les paiements fraction-

1. Vue perspective restituée de l'arsenal du Pirée (seconde moitié du IVe siècle).

nés, sur les instructions d'un architecte qui, ayant seul la compétence technique, est à même de mesurer et vérifier la bonne exécution du travail. Dans cette tâche il dispose parfois d'un adjoint, appelé « sous-architecte » dans les comptes de Delphes et de Délos.

C'est donc au stade suivant du programme qu'appartient une inscription relative à la colonnade ionique d'un temple de technique attique, édifié à Délos au milieu du IVe siècle, lorsque l'île était sous la domination athénienne ; il s'agit très probablement de la grande ruine imbriquée dans l'Artémision. En entrant encore davantage dans les détails, avec l'énoncé des droits et obligations des parties, cette sorte de cahier des charges précédait le contrat d'adjudication à un entrepreneur béotien. Le début du texte, sans doute rédigé par l'architecte concerné ou d'après ses indications, est lacunaire :

> [... ?] lorsqu'elles auront été travaillées, l'architecte procédera à la vérification de toutes les pierres dans le sanctuaire de Délos. Lorsqu'elles auront été vérifiées, après avoir pris réception des blocs du stylobate posés et avoir fait une bande de ravalement tout autour, [l'entrepreneur] les nivellera bien à l'horizontale, lui-même, personnellement, à l'aplomb de chaque colonne, avec une règle de pierre. Et il nivellera aussi toutes les bases moulurées, tous les fûts et tous les chapiteaux, au racloir, sur un cercle large d'au moins 1 demi-pied, et il les déposera sur leur lit, de la même manière partout. Qu'il perce aussi des trous pour les goujons et qu'il coule le plomb suivant l'ordre de l'architecte. Et il livrera [des pierres] dressées à la verticale, saines, de hauteur uniforme en crête, et dressées partout au niveau. Il posera toutes les pierres en présence du sous-architecte. Lorsque tout aura été assemblé et dans l'intervalle les goujons mis en place [...?]. L'adjudicataire du travail fournira lui-même tout ce qui est nécessaire pour le travail, à l'exception des goujons et du plomb. Quant au modèle qui sera fait du chapiteau, qu'il soit payé au prorata de l'ar-

gent pour lequel aura été adjugé le travail ordonné par l'architecte. L'adjudicataire du travail transportera aussi le modèle du chapiteau à Délos, à ses frais, sain, et il le posera comme il est énoncé pour le reste, après l'avoir réceptionné sain à Athènes. Et il contribuera au salaire du sous-architecte, à partir du jour où il aura commencé à travailler à Délos, jusqu'à ce que soit terminé le travail pour lequel il a pris l'adjudication, par le quart de la somme, comme il est énoncé dans les contrats pour ceux qui ont pris en adjudication les orthostates. Et lorsque tout aura été fait suivant les termes du contrat, que l'adjudicataire livre son travail terminé aux naopes et à l'architecte, dans les huit mois à partir du moment où il a pris l'adjudication. Qu'il présente des garants solvables, pour 1000 drachmes chacun. S'il n'agit pas dans le délai imparti par le contrat, il versera 10 drachmes par jour jusqu'à ce qu'il ait rempli le contrat ; que les naopes perçoivent cet argent de lui et de ses garants, et agissent en général comme il est énoncé dans le contrat pour les autres adjudicataires de travaux et pour leurs garants. On versera la moitié de l'argent après la présentation des garants, la moitié du reste lorsque la moitié des travaux aura été faite, et le solde après la livraison du travail terminé. Mais si les adjudicataires sont en désaccord les uns avec les autres au sujet des travaux, les naopes trancheront [...][4].

Suivent le total de l'argent alloué, les noms de l'entrepreneur puis des garants, originaires de l'Attique, et les dimensions des pierres à fournir.

Pour un temple ou tout autre bâtiment important, étant admis que les bailleurs fournissent en général eux-mêmes les matériaux tels que bois, métal et tuiles, souvent récupérés, les lots d'adjudication se répartissent en gros de la même manière. Le premier lot concerne le transport, jusqu'au chantier, des blocs arrivés dégrossis de la carrière.

4. *Inscriptions de Délos*, 104-4.

2. Cadre d'anathyrose sur la base du mur du Grand temple d'Apollon à Délos (Ve siècle). Au premier plan, un trou de pince dans l'assise de réglage en gneiss.

Ensuite vient le travail préparatoire ou façonnage, juste avant la pose. C'est normalement le même ouvrier qui façonne et qui pose : il met les blocs aux dimensions spécifiées, dresse les lits en commençant par le lit inférieur, dit « de pose », puis il passe aux faces de joints latérales, où la partie centrale reste simplement piquée et en retrait par rapport au cadre d'anathyrose **[fig. 2]**, un bandeau périphérique de largeur variable, lissé à la râpe et poli, car ce cadre réalise seul la jonction. Rien d'étonnant à ce que certaines inscriptions mentionnent les outils employés et insistent sur leur entretien. L'ouvrier creuse aussi les cuvettes pour les crampons **[fig. 3]** et les goujons qui vont sceller les pierres, après la mise en place à l'aide de rouleaux, de leviers et de pinces. La position des blocs les uns par rapport aux autres est éventuellement indiquée par des marques d'assemblage ou des lettres de pose, qui doivent transcrire une numérotation ou donner une direction, et donc être distinguées des simples initiales de carriers ou d'entrepreneurs. Normalement les pierres d'assise des temples sont posées en partant des angles, si bien que la mise en place de la dernière pierre, qui est très légèrement en forme de coin, nécessite une série complexe de manipulations après avoir été soulevée à l'aide d'une louve **[fig. 4-5]** : dans ce système, connu dès le VIIe siècle à Égine et qui va peu à peu se généraliser, supplantant les pinces du « crabe » classique, des pièces de métal à un côté droit et l'autre oblique, munies d'une boucle où va s'accrocher

3. Crampons en queue d'aronde sur l'emmarchement en marbre d'un autel du VIe siècle à Délos. Au premier plan, le crampon métallique est encore en place, à l'arrière la cavité est vide.

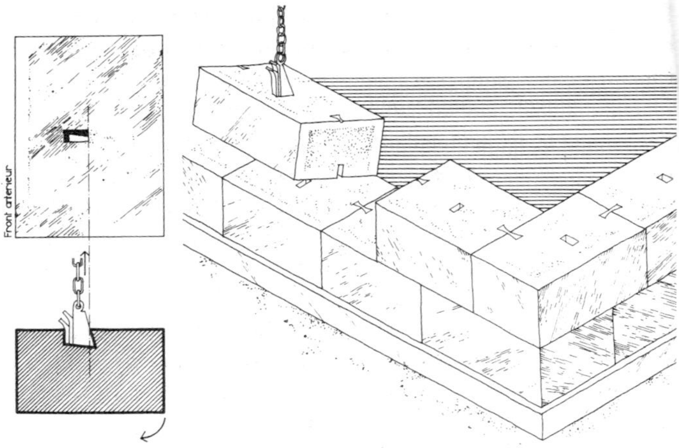

4. Levage et mise en place de pierres d'assise à l'aide d'une louve.

le palan, sont calées dans une cavité de même forme creusée dans le lit supérieur du bloc à poser. L'horizontalité des assises est constamment vérifiée avec un niveau en A ou une règle, trempés dans de la sanguine ou du minium. Le ravalement final consiste en la suppression des tenons de levage et des diverses bosses qui composent la gaine de protection : mais il n'est pas rare que cette phase, où le ciseau est roi, soit délibérément négligée par préférence pour le « style à bossage ».

La complémentarité des indications fournies par l'épigraphie et l'étude matérielle des ruines apparaît bien dès le niveau des fondations, lorsque des pierres provenant de bâtiments antérieurs y sont remployées. En effet, si des inscriptions d'époque hellénistique ou romaine avertissent fréquemment qu'une reconstruction doit être faite « depuis les fondations », c'est-à-dire en reprenant celles de la période précédente, elles n'évoquent jamais une situation qu'il n'est pourtant pas rare de rencontrer lors de la fouille d'un grand monument : à Mycènes comme à Samos ou à

Didymes, à Delphes comme sur l'Acropole d'Athènes, des blocs récupérés dans un édifice détruit ou effondré ont été insérés en remploi dans les fondations de son successeur. On aurait tort de ne voir dans cet acte qu'une mesure d'économie : pour les Anciens, ces éléments qui appartenaient à des temples étaient sacrés, les mettre tous à la décharge ou les réduire en pièces aurait été ressenti comme une dangereuse profanation, alors que leur remploi – surtout au niveau le plus important, celui qui décide de la stabilité – était une manière de ménager les dieux. Pour la même raison, le modèle des chapiteaux est monté dans la colonnade, sauf s'il a été endommagé, et dans ce cas il est enterré sous le monument, de même que toutes sortes de blocs non finis, pour diverses raisons.

Faute de capitaux, les entreprises antiques ne regroupent qu'un très petit nombre de personnes : au mieux, le père et le(s) fils, avec un ou deux ouvriers, qui doivent œuvrer « toute la journée sans relâche », selon les termes d'un contrat délien. En conséquence, quand la tâche est jugée lourde, les entrepreneurs cherchent à s'associer à deux ou trois, surtout pour les gros contrats qui atteignent plusieurs

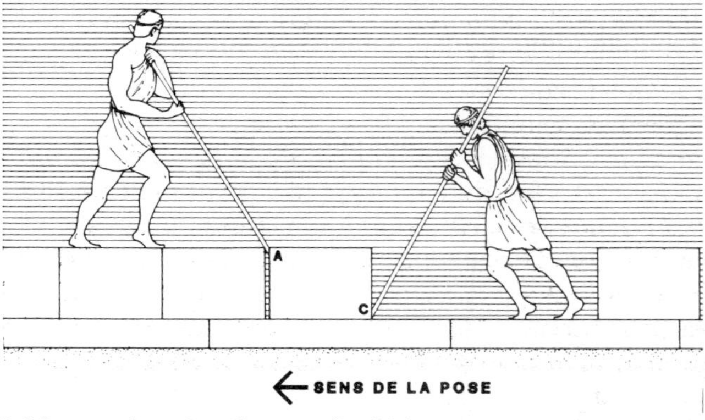

5. Mise en place dans l'assise à l'aide d'une pince.

milliers de drachmes. Mais le plus souvent, à cause de la forte concurrence et de la gestion au jour le jour des fonds destinés à la construction, ils sont contraints de ne pas être trop spécialisés et d'accepter toutes sortes de petits travaux pour vivre, avec de maigres revenus : à Délos comme à Épidaure, ils se contentent, pour quelques drachmes voire quelques oboles, de la réparation d'une portion de mur, de la peinture d'un morceau de chéneau ou de la fourniture d'une barrière provisoire, si bien qu'un même homme peut être successivement maçon, charpentier, terrassier, menuisier. On peut s'en faire une idée par ces extraits des comptes de la *tholos* d'Épidaure, toujours au IVᵉ siècle[5] :

> […] à Euthynomos et Sannion pour le façonnage et la pose des pierres en marbre pentélique, et pour avoir pris en charge les pierres noires, travaillées, et les avoir posées : 6967 drachmes. À Sosthénès pour la couverture de la *péristasis* : 5 drachmes et 3 oboles. Après leur arrivée, frais de route aux entrepreneurs : Callistratos, 2 (?) drachmes, Antigénès, 4 drachmes. [...] À Aristodôros, du plomb pour les agrafes : 59 drachmes et 5 oboles, en tout 40 talents[6]. À Glaukos pour le transport des pierres sur des rouleaux, au port : 16 drachmes et 3 oboles [...]. Pour la peinture de lettres à l'encaustique, à Astyphanès : 20 drachmes [...].

Alors que la majorité des entrepreneurs qui œuvrent sur les chantiers épidauriens sont originaires de l'Argolide ou de la Corinthie, donc des alentours, on ne s'étonnera pas que les marbriers Euthynomos et Sannion viennent respectivement d'Athènes et de Paros, régions réputées pour le travail du marbre. À Délos, tandis que les architectes salariés sont normalement des citoyens déliens, les entrepreneurs sont pour la plupart des étrangers venus des

---

5. *Inscriptiones Graecae* IV², 103.
6. 1 drachme vaut 6 oboles, et 1 talent 6000 drachmes.

les proches, qui étaient incités à se porter adjudicataires par l'exemption des droits de douane et l'octroi du privilège d'échapper à la saisie. En outre, nous avons vu par le contrat du IVe siècle traduit plus haut (p. 21) qu'une avance sur les paiements était prévue ; une variante de ce système de provisions ou d'acomptes comprenait la retenue du dixième de garantie, d'après les prescriptions d'un autre contrat, publié par les administrateurs du sanctuaire délien, les hiéropes, au début du IIIe siècle[7] :

> Lorsque l'entrepreneur aura présenté les garants [...], que les hiéropes et les épistates, après avoir retenu le dixième de la somme totale, versent la moitié de l'argent restant à l'entrepreneur ; lorsqu'il reste les deux tiers des travaux, qu'ils versent la moitié de la [deuxième] moitié ; lorsqu'il reste le tiers des travaux, qu'ils versent le reste. Quant au dixième retenu de la somme, lorsque tout le travail aura été terminé et vérifié selon ce contrat, qu'ils versent le solde de l'argent à l'entrepreneur après en avoir retranché les amendes infligées.

Et si le principe du dixième de garantie ne fut pas toujours appliqué, les amendes infligées par l'architecte n'étaient pas rares à cette époque : en témoignent aussi bien leur fréquente mention dans les comptes déliens que les blocs retrouvés errants ou en place, victimes de malfaçons et d'accidents compensés par du rapiéçage... Les bailleurs devaient avoir bien des raisons de se plaindre, puisqu'ils éprouvent parfois le besoin d'indiquer l'état dans lequel les pierres doivent être livrées, c'est-à-dire « saines, sans épaufrures ni recollages, sans fêlures, et non cirées », toutes choses qui devraient aller de soi. Au IIe siècle, le contrat du temple de Zeus à Livadie en Béotie est tout aussi strict, sinon plus, sur ce chapitre[8] :

---

7. *Inscriptions de Délos*, 502 A.
8. *Inscriptiones Graecae*, VII, 3073, l. 29-40.

> L'entrepreneur ne doit abîmer aucun matériau de construction qui se trouve dans le sanctuaire. S'il cause un dommage quelconque, qu'il le répare à ses frais dans le temps fixé par les naopes. Et si un entrepreneur chargé de la pose abîme une pierre saine pendant son façonnage, qu'il la remplace à ses frais par une autre, convenable, sans nuire en rien au travail. La pierre abîmée doit être évacuée du sanctuaire dans les cinq jours, sinon elle sera sacrée. Mais s'il ne remplace pas ou ne répare pas la pierre endommagée, les naopes remettront l'affaire en adjudication, et l'entrepreneur et les garants devront en payer le prix fixé augmenté de la moitié.

Mais il est sûr que le montant des amendes ne permettait pas d'enrichir les caisses publiques ou sacrées, tant il est vrai que la construction et les incessantes réparations absorbaient une part importante du budget des cités et des sanctuaires. Pour un édifice imposant, il fallait donc étaler les dépenses sur une longue période et faire traîner les travaux, avec le risque de ne pouvoir les terminer. Et l'on comprend bien que les donateurs, de plus en plus nombreux à partir de la période hellénistique, aient été si favorablement accueillis, qu'il s'agisse de princes tels que les Attalides de Pergame, pleins de sollicitude pour Athènes et pour Delphes, ou de riches particuliers, tel Léonidas de Naxos, qui fit édifier un magnifique local carré dans le sanctuaire d'Olympie, pour abriter des banquets. Et quand, suivant l'exemple de ses ancêtres, la bourgeoise Archippè proposa de refaire à ses frais la charpente du *bouleutérion* de Kymè en Éolide, à l'issue d'un concours d'architectes, le Conseil ira jusqu'à la prier de prendre à sa charge les honneurs publics qui lui sont décernés à cette occasion !

Au total, la construction d'un monument grec, si élaboré semble-t-il, est avant tout le résultat d'ajustements et de réglages successifs, qui reposent sur un savoir-faire admirablement maîtrisé. On avait déjà constaté que dans tout bâtiment seules les dimensions des premiers degrés

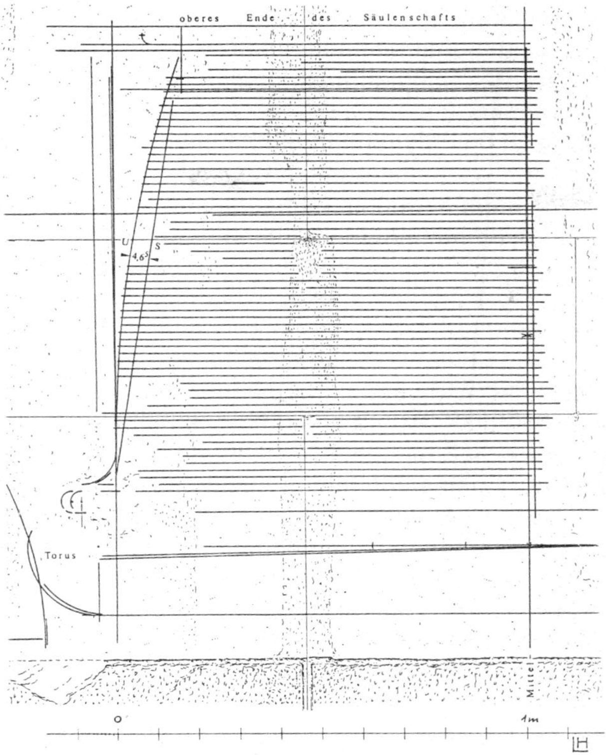

6. Dessin préparatoire sur un mur du temple hellénistique d'Apollon à Didymes : tracé du galbe des colonnes et de la base.

et du stylobate paraissaient définies avec précision, quand la découverte, en 1979, des dessins ou plutôt des schémas préparatoires gravés sur les murs de la cour et du *naïskos* du temple d'Apollon à Didymes **[fig. 6, 92]** est venue confirmer que ce genre de dessins ne constituait nullement une référence absolue à laquelle il aurait fallu se plier. Comme des dessins du même type ont été remarqués récemment sur d'autres édifices grecs d'Asie Mineure, à Sardes, à Priène ou à Lagina, ainsi qu'en Macédoine, le procédé devait être courant bien avant la période romaine à laquelle se rapportent divers dessins de ce genre repérés à plusieurs reprises sur des parois. Avec leurs lignes excessivement fines tracées dans une couche de sanguine, les schémas de Didymes s'étalent sur plus de 20 m et plus de 200 m^2, à partir du milieu du IIIe siècle. Ils indiquent le stade de la construction à cette date, en représentant des parties importantes du temple (surtout les parties hautes) en vraie grandeur ou, par exception, à une échelle légèrement réduite : colonnes avec calcul du galbe par rabattement d'un segment de cercle, caissons de plafond, entablement, fronton. Mais l'exécution finale est différente du projet dessiné : par exemple, la comparaison entre l'esquisse de la façade du *naïskos* et son état achevé montre que les entraxes des quatre colonnes ioniques ont été très fortement réduits, pour changer le rapport entre la largeur de la façade et la hauteur de la colonne. Le dessin n'avait donc qu'une valeur indicative, et la construction avançait plutôt par des méthodes empiriques d'adaptation progressive aux circonstances, de sorte que les changements en cours d'élaboration, sans doute liés à l'arrivée d'un nouvel architecte, n'étaient pas rares.

2
Principes de composition : ordres, colonnes et murs

Les bâtiments représentatifs de l'architecture grecque classique, qui atteint son apogée dans la seconde moitié du Vᵉ siècle, offrent dans leur élévation un ensemble de caractères formels qui constituent ce que nous appelons un « ordre » architectural. Cette notion d'ordre, qui a joué un rôle de premier plan durant la Renaissance et demeure à la base de notre appréciation de l'architecture grecque, nous vient du traité *De architectura*, rédigé en dix livres dans les années 30 avant notre ère par Vitruve, ingénieur et architecte romain. Il la tient – nous ne savons jusqu'à quel point – de traités grecs spécialisés, lesquels ne sont pas parvenus jusqu'à nous. De toute façon, la présentation qu'il en fait relève surtout d'une typologie systématique et d'une théorisation normative *a posteriori*, qui ne coïncident qu'imparfaitement avec la réalité des édifices conservés. De même, ses récits sur la genèse des ordres ne doivent pas être pris au pied de la lettre : ils participent d'un genre littéraire où il n'est pas aisé de démêler les faits de leur embellissement (au besoin par l'anecdote) et d'une tentative de légitimation ou recomposition rationnelle.

Toujours est-il qu'il n'existe fondamentalement que deux ordres : le dorique et l'ionique. Le troisième, dénommé « corinthien » par Vitruve, n'est dans la pratique qu'une

7. *Crépis* en marbre du Grand temple d'Apollon à Délos, non ravalée au-dessus d'une bande lisse refouillée d'une ciselure (Ve siècle). Le premier degré est en fait l'assise de réglage.

variante de l'ordre ionique, comme d'ailleurs notre théoricien le reconnaît, en comparant les colonnes ioniques et corinthiennes, pour ajouter que « l'ordre corinthien en tant que tel n'a reçu d'ordonnance propre ni pour les corniches ni pour les autres ornements » (IV, 1, 2).

Vitruve écrit aussi que la colonne dorique fut la première-née, une affirmation non démontrable. Alors que leurs débuts paraissent imbriqués dans le temps, nous pouvons considérer l'ordre dorique, qui semble avoir pris naissance dans le nord-est du Péloponnèse, et l'ordre ionique, originaire du Proche-Orient et de l'Asie Mineure, comme formés vers 550. Mais les mélanges des deux ordres sur une même façade, qu'on observe pendant la période de tâtonnements empiriques, avant l'installation des règles constituant ce que nous appelons le « canon », reprendront de plus belle à partir de la fin de l'époque classique, cette contamination traduisant la disparition progressive des spécificités de chaque ordre, que nous allons maintenant examiner de bas en haut, suivant le principe de la construction.

Le dorique canonique **[fig. 9]** se caractérise par sa rigueur, voire une certaine rigidité de ses lignes géométriques, qui renvoie au passage progressif de l'architecture de bois à l'architecture de pierre, et doit avant tout marquer ses fonctions statiques. Le dorique du Ve siècle comprend, au-dessus des fondations terminées par une assise de réglage ou *euthyntéria* **[fig. 2, 7]**, qui donne le nivellement horizontal, un socle le plus souvent à trois degrés, la *crépis,* pour porter les murs et surtout la colonnade sur le degré supérieur, appelé stylobate. Celui-ci alterne normalement une dalle porte-colonne et une dalle intermédiaire. Composé de plusieurs tambours empilés, avec en moyenne vingt cannelures à arêtes vives, creusées après la mise en place de l'ensemble pour obtenir une parfaite continuité des lignes, le fût dorique, légèrement tronconique, est dépourvu de base et couronné par un chapiteau dont l'échine circulaire est vigoureusement profilée sous une masse parallélépipédique, l'abaque (d'un mot grec qui signifie la « plaque »). Très débordante et de profil arrondi à l'époque archaïque

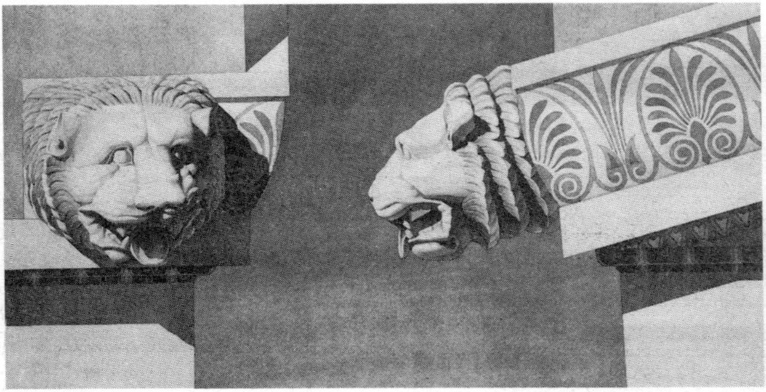

8. *Sima* d'angle polychrome du Parthénon, avec gargouille léonine encadrée par une frise de lotus et palmettes.

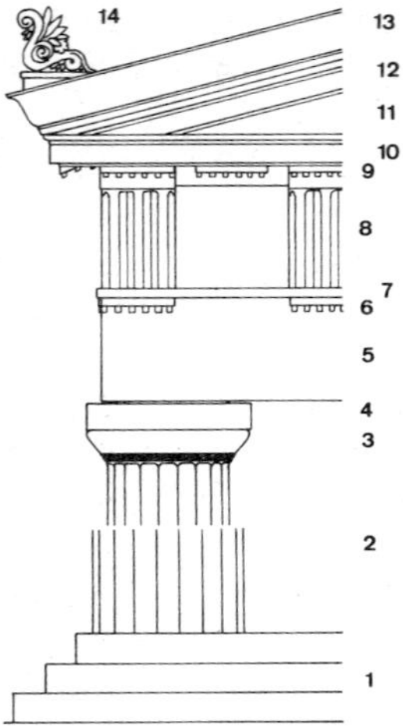

9. Exemple d'ordonnance dorique :
1, *crépis* à trois degrés, le dernier est le stylobate.
2, fût cannelé (raccourci).
3, échine du chapiteau, au-dessus des annelets.
4, abaque.
5, architrave.
6, gouttes sous la *regula.*
7, *taenia.*
8, frise avec une métope entre deux triglyphes.
9, mutules avec gouttes.
10, corniche horizontale.
11, tympan.
12, corniche rampante.
13, *sima* rampante en doucine.
14, acrotère d'angle.

[fig. 55], comme une galette, l'échine tend par la suite à prendre une ligne oblique, tandis que sa valeur par rapport à la hauteur totale du chapiteau ne cesse de diminuer. La transition entre le fût et l'échine est assurée par le collet, dont la limite est dessinée en haut par des petites moulures horizontales, les annelets, et parfois aussi en bas par des filets. On s'accorde à penser que le chapiteau dorique serait dérivé du chapiteau mycénien, qui présente un lourd abaque au-dessus d'un tore épais, sur une gorge.

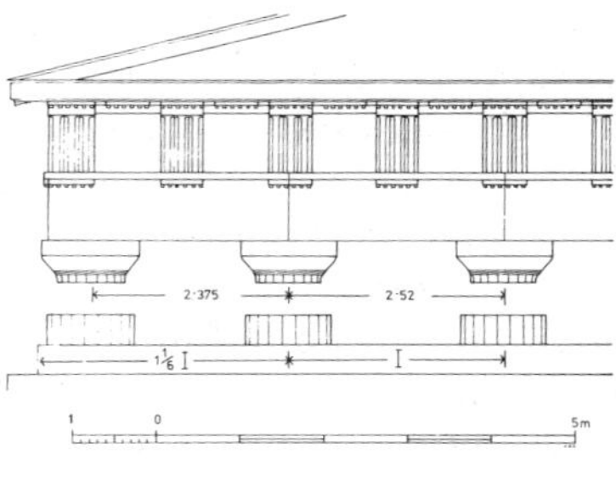

10. Contraction angulaire dans le temple d'Héphaistos à Athènes (dernier tiers du Ve siècle).

Tout en dépendant aussi de l'espace avoisinant, la hauteur de la colonne est calculée d'après un système modulaire fondé sur son diamètre inférieur. De proportions plutôt ramassées à l'origine – c'est ainsi qu'au temple d'Apollon à Syracuse **[fig. 53]** le bas de la colonne est contenu 3,8 fois dans sa hauteur –, le fût dorique va ensuite s'allonger et s'amincir, jusqu'à des rapports voisins de 6 au IVe siècle.

Les lignes verticales des colonnes portent l'entablement, qui empile l'architrave, la frise, puis la corniche. L'architrave (ou épistyle, transcription du mot grec) dorique est une longue pièce lisse couronnée par une bande (en latin, *taenia*) qui surmonte de place en place une sorte de réglette (en latin, *regula*) où pendent des séries de gouttes, normalement au nombre de six. La *taenia* sert de base à la frise, où des plaques, dites « métopes », parfois sculptées, alternent – à raison de deux métopes par entrecolonnement – avec des blocs rectangulaires à rainures verticales, les triglyphes. Les « trois rainures » évoquées par l'étymologie du mot sont en réalité au nombre de deux, encadrées par deux demi-rainures, qui dégagent ainsi trois jambages en relief, et c'est précisément en dessous de ces triglyphes que viennent s'accrocher la *regula* et ses gouttes **[fig. 9]**. La symétrie et l'axialité étant systématiquement recherchées, le rythme des triglyphes doit correspondre à celui des colonnes, d'où le problème du décalage du triglyphe d'angle. Il peut être résolu soit par l'élargissement de la dernière ou des dernières métopes (temple d'Apollon à Corinthe), soit par la contraction de l'entrecolonnement (temple d'Aphaia à Égine) ou des deux entrecolonnements extrêmes, la combinaison des deux formules étant également possible **[fig. 10]**. Enfin, un bandeau, dit *corona*, vient « couronner » les couples métopes-triglyphes, souvent taillés dans un seul bloc ; au contraire, si nous considérons la composition dans sa profondeur, nous voyons que la frise dorique est normalement faite de deux cours parallèles de blocs, les métopes et les triglyphes occupant la face externe (ou parement), alors que la face interne réalise une doublure dite « contre-frise » (en grec, *antithéma*).

Au-dessus, la corniche (on emploie aussi le mot grec *geison*) en saillie montre sur sa face inférieure, au-dessus de chaque triglyphe et chaque métope, des plaques rectangulaires appelées « mutules », où des gouttes sont disposées d'une manière régulière, à raison de six sur trois rangées (mais on en trouve aussi cinq sur quatre, ou quatre sur trois). La partie principale et fonctionnelle de la corniche, destinée à rejeter la pluie, se nomme le larmier ; son efficacité est assurée par un ressaut, parfois doublé d'un coupe-larmes. La corniche fait le tour du bâtiment en trois positions : frontale, latérale et rampante, c'est-à-dire courant sur les côtés obliques du fronton ; dans les deux dernières positions elle est couverte par un système de gouttières en terre cuite ou en pierre appelé *sima*. Sur les faces latérales, la *sima* d'égout est percée d'orifices pour évacuer l'eau, ou émissaires ; dans les temples ce sont le plus souvent des mufles de lion **[fig. 8-9]**.

Si elle s'applique surtout à ces parties hautes, la polychromie n'en est pas moins générale, obéissant à des règles précises : loin d'être un simple décor, elle doit souligner les articulations et mettre en valeur les points forts du bâtiment, en particulier la frise à métopes et triglyphes, qui sont en principe rouges et bleu foncé, tandis que les gouttes des mutules sont rouges, ou encore dorées, sur fond bleu. Appliquée le plus souvent à l'encaustique, la couleur recouvre aussi bien la terre cuite que le marbre ou le calcaire stuqués, étant toutefois admis que les parties stuquées peuvent n'être pas teintées, mais simplement protégées par de la poix ou de la cire. Parce qu'elles se dégradent très vite à l'air, les différentes couleurs furtivement remarquées par les premiers fouilleurs n'ont pas reçu toute l'attention qu'elles méritaient et ont souvent été redécouvertes à une date récente : ainsi, au temple d'Athéna de Poséidonia-

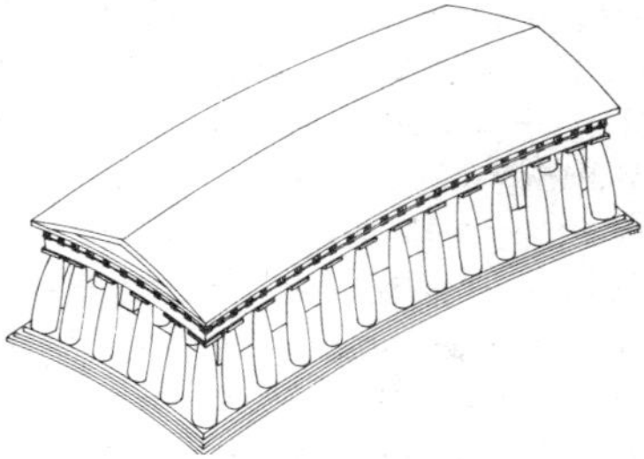

11. Les raffinements d'un temple dorique, en schéma exagéré.

Paestum, il n'y a pas si longtemps qu'ont été reconnus des restes de peinture rouge, bleue et jaune doré sur les couronnes de feuilles des chapiteaux, les corniches et les tympans. À Delphes, dans le trésor des Athéniens, les traces de couleurs sur les assises, les bandes de palmettes peintes dans le *pronaos*, au revers du linteau et au sommet des murs de la *cella*, ont été relativement négligées jusqu'en 1980, tout comme les languettes discernables sur le chapiteau d'ante. Que ce ce soit dans les monuments de l'Acropole d'Athènes ou en Asie Mineure, les caissons de plafond sont normalement bleus avec des moulures jaunes, les édifices ioniques étant autant concernés que ceux d'ordre dorique. Et au sommet les couvertures en terre cuite vernissée, surtout les tuiles faîtières et les antéfixes, ne sont pas en reste, avec leurs peintures rouge et brun-noir[9].

Il n'est pas possible de traiter de l'ordre dorique sans évoquer ce que les spécialistes qualifient de « raffinements », car ils constituent une des caractéristiques les plus curieuses de l'architecture grecque. Par ce terme, on entend essentiellement la déviation des règles strictes de la géométrie, de sorte que les lignes droites s'incurvent imperceptiblement et que les verticales sont en réalité des obliques **[fig. 11]**. Relevées dès le XIXe siècle, alors qu'elles

9. Toute cette polychromie a été abondamment reproduite, jusqu'à l'excès, dans des dessins réalisés au siècle dernier : voir le catalogue d'exposition *Paris-Rome-Athènes, le voyage en Grèce des architectes français aux* XIX*e et* XX*e siècles* (Paris, 1982).

sont le plus souvent imperceptibles à l'œil nu, ces anomalies ne s'expliquent pas par des maladresses ou des déplacements postérieurs, mais ont bien été voulues par les constructeurs.

La légère courbure bombée des lignes horizontales du bâtiment, au niveau de la *crépis* et du stylobate, mais aussi à celui de l'entablement ou à la base du fronton, représente le premier de ces raffinements, la convexité pouvant aller de 2 à 11 cm. Déjà attestée en Égypte, elle est visible dès le VIe siècle au temple d'Apollon à Corinthe, au Vieux temple d'Athéna sur l'Acropole d'Athènes, celui d'Aphaia à Égine, et semble plus particulièrement prisée aux Ve et IVe siècles, surtout dans l'architecture religieuse : au Parthénon et aux Propylées de l'Acropole, à l'Héphaisteion, au temple de Ségeste en Sicile, ceux de Zeus à Némée et à Labraunda, au trésor des Athéniens à Delphes et dans quelques portiques. Cette courbure, qui ne disparaît pas à l'époque romaine, pouvait être obtenue par des méthodes plus ou moins empiriques, comme celle de la cordelle tendue d'un bout à l'autre de la façade concernée. Elle devait avoir des raisons pratiques – favoriser le rejet des eaux vers l'extérieur – autant qu'esthétiques, en corrigeant l'illusion d'écrasement que pourraient naturellement donner des lignes droites fuyantes.

Autre raffinement notable, le plus répandu et sans doute le plus connu : le galbe des colonnes, dit en grec *entasis*. Au VIe siècle il se voit nettement dans des temples d'Italie du Sud et de Sicile (à Poséidonia, où se trouve le premier exemple, à Métaponte, à Sélinonte), puis il touche plus faiblement le temple d'Aphaia à Égine, le Parthénon, l'Héphaisteion et le temple de Zeus à Némée, ainsi que les Propylées d'Athènes, dans leurs colonnes ioniques comme dans leurs supports doriques. Aux époques classique et hellénistique, le renflement, qui ne dépasse jamais le diamètre inférieur du fût, atteint entre 0,9 et 2,4 % de sa hauteur (1,6 % au Parthénon). Dans la « Basilique » de

Poséidonia, la courbure maximale est située légèrement au-dessus du milieu du fût, alors que par la suite, aux époques hellénistique et romaine, elle se trouvera au milieu et surtout en dessous du milieu de la hauteur, au 1/3 ou aux 2/5 **[fig. 6]**. Cette *entasis* confère aux colonnes de Poséidonia une allure franchement ventrue, qui empêche d'accepter l'explication par la correction optique, que livre Vitruve : plutôt que d'une tentative d'éviter l'illusion du fléchissement de la ligne droite, l'*entasis* doit ressortir, à l'origine, d'un goût esthétique et d'un effet de style, pour donner le sentiment que les colonnes tendent (c'est l'idée contenue dans le mot *entasis*) leurs muscles sous le poids de l'entablement.

À ces deux raffinements de courbure il faut ajouter l'obliquité des colonnes, dont l'axe est penché vers l'intérieur – celles des angles étant alors épaissies (au Parthénon, de plus de 4 cm) pour paraître moins grêles –, et l'épaisseur des murs qui diminue de bas en haut, leur face externe s'inclinant vers l'intérieur, tout comme les jambages des portes. L'édifice y gagne une impression de densité et de stabilité.

C'est sur le Parthénon que tous ces principes – difficiles à appliquer et coûteux, puisqu'ils excluent la standardisation des blocs – ont été mis en œuvre le plus clairement et paraissent traduire un refus de la ligne absolument régulière, de tout ce qui pourrait sembler mécanique à force d'être rationnel, au profit des détails susceptibles d'insuffler de la vie au monument, en lui donnant une dimension quasi charnelle. Mais si l'on considère l'ensemble des édifices grecs, la présence de ces raffinements n'est pas générale : la plupart ne les ont pas connus ou n'en ont appliqué qu'un seul aspect, et partiellement. Il est vrai qu'il devrait être permis d'inclure dans la liste des raffinements les colonnes dont la partie inférieure est restée non cannelée, ainsi que le maintien de la gaine de protection après le ravalement des assises d'un mur, laissant de place en

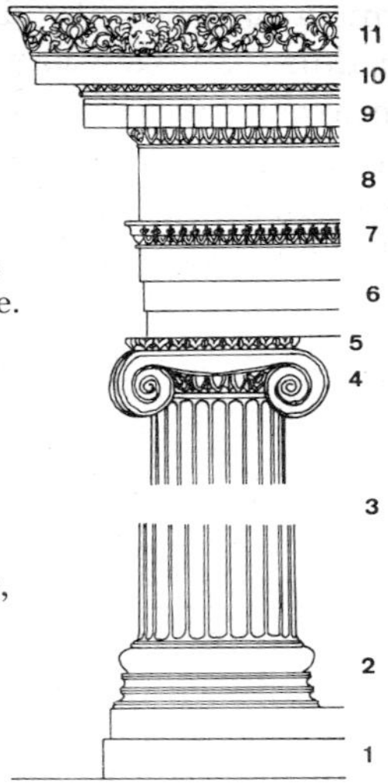

12. Exemple d'ordonnance ionique (temple d'Athéna à Priène) :
1, *crépis* à deux degrés.
2, base « éphésienne », avec disque à double scotie surmontée d'un tore.
3, fût cannelé à arêtes plates.
4, chapiteau à volutes horizontales encadrant l'échine sculptée d'oves, sous un canal.
5, abaque mouluré.
6, architrave à trois fasces.
7, couronnement mouluré.
8, zone de la frise, souvent sculptée, couronnée d'un *kymation* ionique.
9, denticules.
10, corniche.
11, *sima* à rinceaux et gargouilles léonines.

place de gros tenons ou toute une surface à bossages, bien délimitée par une ciselure périphérique : bref, tout ce qui relève d'un goût très étudié pour le « non-fini », auquel est accordée une valeur esthétique.

En tout cas, même s'ils se voient surtout dans les bâtiments doriques, les raffinements n'ont pas été exclus des édifices ioniques, comme le temple d'Athéna à Priène, celui d'Apollon à Didymes, ou encore l'Olympieion hellénistique d'Athènes, qui possède des chapiteaux corinthiens. Ce qui nous amène maintenant à parler plus en détail de l'ordre ionique.

Il se distingue par un sens nettement plus marqué du décor, joint à des différences régionales assez nettes, de sorte qu'il est peu justifié de parler d'un « canon » ionique **[fig. 12-13]**. Certes, dans tous les cas, la colonne ionique, de proportions plus élancées que sa sœur dorique, ne repose pas directement sur le stylobate, mais sur une base moulurée (éventuellement posée sur une plinthe), dont la forme a connu plusieurs variétés, parmi lesquelles a fini par dominer celle dite attico-ionique – avec un profil concave entre deux lignes convexes. Le fût se termine le plus souvent par un chapiteau à deux volutes horizontales sur les deux faces principales, parallèles, reliées par des balustres ; l'abaque ainsi porté est d'un faible volume et en retrait. Convexe à l'origine, le canal des volutes est devenu concave vers les années 500, puis les « yeux » des volutes se sont progressivement rapprochés. Il arrive que certaines parties du chapiteau ionique, en particulier les moulures à oves ou à rais de cœur, soient peintes au lieu d'être sculptées, une technique longtemps goûtée dans les milieux attiques. Mais le fût ionique peut aussi admettre d'autres types de terminaison : outre le corinthien, dont nous reparlerons, il existait des chapiteaux à volutes ver-

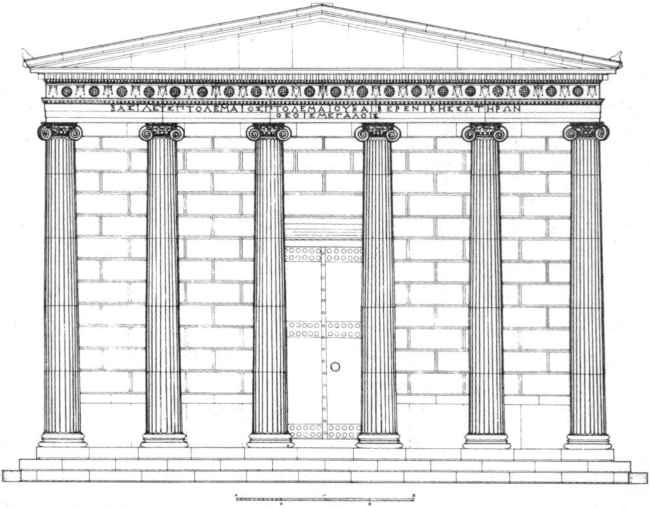

13. Élévation restituée de la façade est, à colonnes ioniques sur bases attico-ioniques, du *propylon* de Ptolémée II à Samothrace (vers 280). Mur à appareil rectangulaire isodome sur une zone d'orthostates.

14

15

14. Chapiteau votif à volutes verticales, dit éolique, à Larissa sur l'Hermos (VIe siècle).

15. Chapiteau corinthien du *propylon* de Ptolémée II à Samothrace (vers 280).

ticales, dits « éoliques » **[fig. 14]**, et d'autres à grosse couronne de feuilles, ou encore de palmes. La colonne ionique d'Asie Mineure est creusée de vingt-quatre cannelures à arêtes plates ; mais dans le Péloponnèse on s'en tient généralement, à partir du temple de Bassae et aux IVe et IIIe siècles, à vingt cannelures, qui sont toujours plus profondes que celles des colonnes doriques. Quelques exemplaires très anciens de fûts ioniques ou doriques montrent que les premiers supports en pierre n'étaient pas cannelés mais polygonaux, ou plus précisément taillés à facettes : c'est dans le courant du VIe siècle, semble-t-il, que l'on eut l'idée de creuser les pans ainsi délimités.

Continuons à monter : les grands temples ioniques d'Asie Mineure ont une architrave à trois bandes horizontales en légère saillie progressive (ou fasces), que peut surmonter, par l'intermédiaire d'un couronnement mouluré, une frise sculptée continue, sous une corniche portée par des denticules en saillie **[fig. 52]**, alors que dans des temples attiques de petit format on a préféré une frise sans denticules. Mais dans les Cyclades archaïques l'architrave et la frise étaient nues, les denticules, hérités de la construction en bois, restant inconnus. Les moulures sont très présentes, à différents niveaux : ainsi, alors que le chapiteau d'ante dorique est simplement profilé en bec-de-corbin, l'ante ionique porte une mouluration qui peut être complexe. Un décor fait surtout d'oves et de palmettes se voit en bien des endroits d'un bâtiment ionique : base des murs, dernier tambour du fût, encadrement de la porte. Celle-ci a des fasces ornées et un riche couronnement, parfois supporté par des consoles (trésor de Siphnos à Delphes **[fig. 43]**, Érechtheion), alors que le cadre de la porte dorique n'est en principe qu'un coffrage en bois (celui du trésor des Athéniens à Delphes est recouvert, par exception, d'un fin placage de bronze) ; s'il est en pierre, c'est une simple bande lisse bordée d'un listel. Dans de rares cas, les colonnes ioniques peuvent être remplacées par des supports anthropomorphes, dont l'origine orientale est bien établie, comme les jeunes filles (les caryatides **[fig. 64]**) du portique sud de l'Érechtheion.

Très probablement originaire de l'Attique, où les feuilles d'acanthe ont envahi les grands acrotères à motifs végétaux puis les tuiles dès la seconde moitié du Ve siècle, après avoir gagné le décor de certains vases athéniens, le chapiteau corinthien connaîtra assurément sa plus belle expansion dans le Péloponnèse, à partir de Corinthe, le plus ancien exemplaire connu étant celui de l'ordre intérieur du temple de Bassae, au dernier quart du Ve siècle. Dans le détail, il existe de multiples variantes de ce chapiteau, celles que l'on rencontre en Égypte et en Palestine étant particulièrement diversifiées, avec des zones laissées en bosse lisse. Le type dit « normal » est en forme de corbeille ou plutôt de cloche renversée, entourée à la base de deux rangées de huit feuilles d'acanthe d'où s'élancent des grosses tiges, les caulicoles, lesquelles donnent naissance à des crosses ou petites tiges à volutes ; ce sont les crosses d'angle qui supportent un abaque à faces légèrement concaves, les crosses médianes, surmontées d'un fleuron axial, pouvant être remplacées par des feuilles d'acanthe ou même des bustes. C'est ce type de chapiteau, bien visible sous tous les angles, qui s'insère sans peine dans une élévation ionique, au moins jusqu'au Ier siècle ; il peut alors être couronné par une corniche à petites consoles appelées « modillons », un trait qui autorise à parler dorénavant d'« ordre corinthien », soit l'ordre majeur de l'architecture romaine. Mais avant d'en arriver là, il est manifeste qu'étant de proportions plus fines – d'où un entablement au total plus mince – les colonnes ioniques et surtout les colonnes corinthiennes étaient spécialement conseillées pour les intérieurs (sauf dans les cours des habitations et des établissements d'éducation, où le dorique est roi). Il est d'ailleurs possible que cet emploi préférentiel de la colonne corinthienne dans des architectures intérieures et décoratives doive être mis en rapport avec une origine non monumentale, peut-être liée au travail du métal et plus spécialement du bronze. C'est le *propylon* de Ptolémée II à Samothrace **[fig. 15]** qui offre, vers 280, la plus ancienne utilisation de l'« ordre corinthien » à l'extérieur d'un grand bâtiment, alors que son autre façade s'en tient à l'ordre ionique. Pour le conserver partout, les partisans du chapiteau ionique auront pourtant bien essayé d'en pallier les inconvénients : on connaît un certain nombre de chapiteaux ioniques quadrangulaires, c'est-à-dire à quatre volutes d'angle égales, avec fronts et abaques incurvés, mais cette idée péloponnésienne semble être restée une simple expérience, moins bien adaptée aux angles internes d'un édifice que la conception corinthienne.

Il importe de préciser que la répartition géographique des ordres, telle que nous l'avons exposée, est loin d'avoir été stricte : des ionismes ont été remarqués dans les colonies achéennes de Grande-Grèce, tandis que le dorique, qui paraît si bien chez lui dans le Péloponnèse ou en Attique, est anciennement connu dans les Cyclades et est toujours resté présent en Asie Mineure, où il a même bénéficié d'une grande faveur aux époques hellénistique et romaine. Ces déplacements géographiques peuvent aussi être interprétés comme la marque d'une indépendance artistique : c'est ainsi que dans le deuxième quart du IVe siècle, à Labraunda en Carie, la famille du satrape Mausole opte pour un ordre dorique sans frise à triglyphes et avec une corniche ionique, tandis que deux autres bâtiments du site affichent un entablement dorique sur des colonnes ioniques. Dans d'autres cas, nous pouvons supposer une volonté d'appropriation du message politique et culturel véhiculé par l'emploi de tel ou tel ordre : en favorisant le dorique à Pergame, vers 200, les princes attalides se présenteront comme les héritiers de la suprématie athénienne, tout en magnifiant leur lointaine ascendance argienne. Et c'est probablement encore Attale Ier qui fit construire, dans un angle de l'*agora* supérieure de Pergame, un petit temple attribué à Zeus, sorte de synthèse de tous les courants artistiques de l'époque : sur des fûts de type ionique, à bases moulurées, sont installés des chapiteaux dorisants, dont l'échine en légère doucine porte un abaque doté d'une moulure de couronnement ; la frise dorique, à trois métopes par entrecolonnement, est surmontée d'une corniche ionique amplement décorée de losanges, fleurons, palmettes et têtes...

En analysant les caractères de chaque ordre, nous ne pouvons qu'être frappés par le rôle essentiel qu'y joue la colonne. Si cet élément n'a certainement pas été inventé par les Grecs, qui avaient pu examiner des colonnes en Égypte et d'une manière générale s'inspirer du sens monumental des Égyptiens, du moins en ont-ils fait un emploi tel qu'il est permis de voir dans la colonne – dorique ou ionique, mais surtout dorique – la principale composante et le premier symbole de leur architecture. Les Grecs devaient en être eux-mêmes conscients, d'après cette inscription gravée sur le stylobate du premier temple périptère dorique de Sicile, édifié au début du VIe siècle à Syracuse avec de puissantes colonnes monolithes hautes de 8 m, qui

16. Colonnes votives à Delphes, éch. 1:100 : de g. à dr., colonne du sphinx des Naxiens, colonne du trépied de Platées, colonne d'acanthe (au-dessus des danseuses, la restitution est incomplète), monument d'Aristainéta et monument à colonne unique.

occupent deux rangées sur la façade d'entrée : « Cléoménès, le fils de Cni..., a fait exécuter [ce temple] pour Apollon, et aussi ces illustres colonnes, de superbes œuvres[10] ».

Ériger une colonne dont on aura bien étudié les proportions, dans le rapport hauteur / diamètre à la base, est un acte qui a toujours suscité la légitime fierté de ses

10. On a longtemps considéré que Cléoménès était l'architecte de ce temple, alors qu'il n'en était très probablement que le commanditaire : voir le dossier dans H. SVENSON-EVERS, *Die griechischen Architekten archaischer und klassischer Zeit, Archäologische Studien*, 11 (Francfort / Berlin / Vienne, 1996), p. 461-469.

auteurs et de ses commanditaires. Dès l'époque archaïque, et principalement dans les Cyclades où règne le travail du marbre, les Grecs ont volontiers dressé des colonnes, monolithes ou non, en guise d'ex-voto : le sphinx offert vers 570 par les Naxiens à Delphes **[fig. 16, 42]**, sur une colonne ionique composée de six tambours creusés de quarante-quatre cannelures, atteignant près de 10 m (soit 12,10 m avec le sphinx), n'était pas le premier du genre et fut suivi par bien d'autres offrandes du même type, destinées à s'élever, de manière à la fois concrète et symbolique, au-dessus de la masse. Les formes se sont peu à peu diversifiées, de sorte que nous verrons dans le sanctuaire de Delphes les supports individuels les plus élaborés : sur une hauteur d'environ 13 m, une colonne végétale, où de grosses feuilles d'acanthe portent des jeunes filles qui soutiennent un trépied et un *omphalos*, représentation pétrifiée du nombril du monde, fut installée vers 330 près du temple d'Apollon ; tout comme une colonne de bronze torsadée, terminée par des têtes de serpent surmontées d'un autre trépied rappelant la victoire de Platées, en 479 **[fig. 16]**. Le même sanctuaire était ponctué de colonnes votives un peu moins extraordinaires, d'ordre ionique, tels le « Monument à colonne unique » ou ceux, au nombre de quatre ou cinq, offerts au IIIe siècle par des Étoliens et faits de deux fûts réunis par une architrave, pour porter en hauteur les statues de membres de leur famille.

Partout, jusqu'à l'époque impériale, la colonne dorique a également tenu lieu de symbole funéraire, quand on n'en faisait pas une borne sur les pistes de course. Mais les Grecs ont aussi et surtout utilisé la colonne en composition, pour dessiner des colonnades. C'est ainsi que le portique – qui, dans sa forme la plus simple, est un long mur devant lequel défile une colonnade, les deux lignes étant réunies par un toit – est certainement un des édifices les plus caractéristiques de l'architecture grecque, presque autant que le temple. Sur la côte d'Asie Mineure, la *stoa* sud du sanctuaire de Samos, longue de 70 m, à cinquante-quatre poteaux de bois sur deux nefs, est la plus ancienne connue (VIIe siècle), avec une autre, plus petite, à Didymes. Au total, plus de 250 portiques ont été répertoriés, sur plus de 90 sites **[fig. 17]**, dans des sanctuaires comme sur des espaces civiques. Car dans ses formules aussi diverses que faciles à réaliser et à modifier, qui ont contribué à sa très large diffusion, la *stoa* répond bien aux besoins du mode de vie grec. Elle offre un abri contre le soleil l'été et contre les intempéries pendant la mauvaise saison, tout en favorisant de multiples activités dans un espace aéré et assez

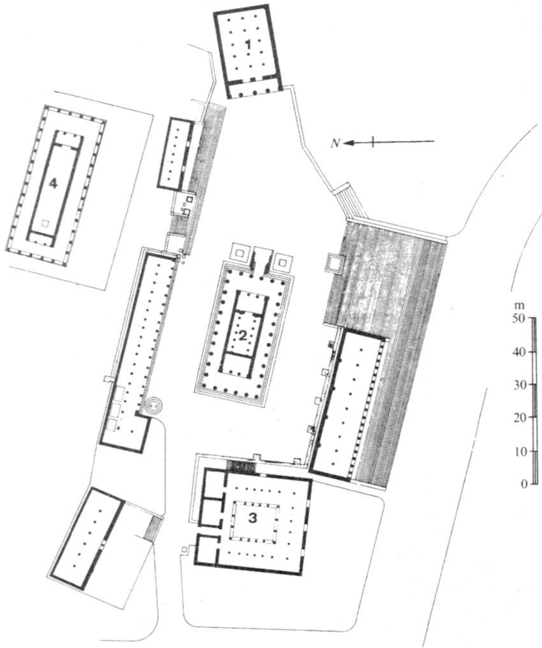

17. Plan de l'Héraion d'Argos : autour du temple classique (2), une série de portiques à deux nefs, une salle hypostyle (1) et une cour péristyle (3). Sur la terrasse nord, le temple archaïque était plus allongé (4).

bien éclairé, d'une lumière diffuse : depuis la simple conversation devant les œuvres accrochées aux murs ou les pierres exposant des lois et des décrets, jusqu'aux véritables écoles philosophiques (puisque c'est dans une *stoa* que naquit le stoïcisme), en passant par les banquets, les échanges commerciaux et bancaires, et même les prestations hôtelières, plus ou moins satisfaisantes... En outre, les Grecs ne pouvaient rester insensibles à la beauté de ces colonnes, perçues dans une ligne fuyante.

L'indépendance du monument, cette idée majeure de l'architecture grecque, perdit peu à peu de sa valeur, et vint le moment où l'on eut l'idée de combiner des portiques, dans une disposition fort appréciée à l'époque hellénistique. C'est alors que les villes grecques vont adopter, avec plus ou moins d'aisance, le plan quadrangulaire de l'*agora* ionienne **[fig. 18]**, où de grandes colonnades reliées, parfois à étages, font de cette place-carrefour une sorte de cour péristyle. En même temps, celle-ci va se

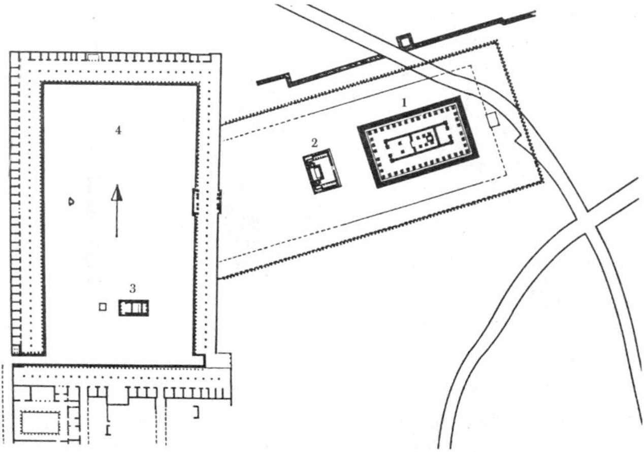

18. Plan de l'*agora* ionienne (4) de Magnésie du Méandre au IIe siècle, avec le petit temple de Zeus Sôsipolis décentré (3) ; dans l'axe du *propylon*, l'autel monumental (2) et le temple pseudodiptère d'Artémis (1).

retrouver dans les gymnases, ces établissements qui ont tant fait pour la diffusion de la culture et du mode de vie grecs dans toute la sphère hellénisée, ou dans des sanctuaires nouvellement conçus, comme celui de Messène dans le Péloponnèse **[fig. 96]**. Dans les maisons d'habitation, longtemps restées d'allure plutôt simple, l'adoption, dès la fin de l'époque classique, d'une cour bordée de deux, trois ou quatre colonnades **[fig. 108]**, aura permis au propriétaire de donner une touche de luxe à son intérieur, par ce détail – et quelques autres, comme les balustrades d'étage ou les frontons appliqués – imité de la grande architecture.

Si la colonne joue un rôle de premier plan dans la définition des ordres, il n'en reste pas moins que la construction grecque suppose l'alternance des pleins et des vides, du continu et du discontinu, des murs à côté des colonnes. Et l'élévation d'un mur grec répond à des règles précises, qui permettent à un œil exercé de le distinguer d'un mur romain.

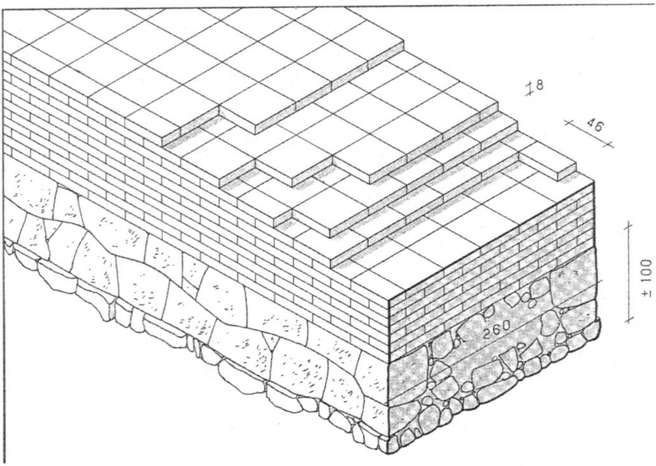

19. Rempart en briques crues sur socle de pierres, à Éleusis (seconde moitié du VIe siècle).

Nous mettrons d'emblée à part les murs en terre, qu'il s'agisse de pisé (terre battue, mêlée à des cailloux) ou de torchis (terre mêlée à des restes végétaux) : cette technique ancestrale a perduré pendant toute l'Antiquité pour l'architecture domestique, surtout pour les cloisons, et plus à l'étage qu'au rez-de-chaussée.

La brique crue, moulée et séchée dans des cadres en bois, était également d'un emploi banal, pour des murs d'épaisseur très variable, dans toutes sortes de constructions. Mais c'est principalement dans l'architecture militaire (Athènes, Éleusis, Géla) qu'elle était appréciée, grâce à sa fabrication rapide et économique. Les briques sont alors empilées avec un liant d'argile délayée, au-dessus d'un socle en pierres d'abord brutes, puis polygonales **[fig. 19]**. Comme dans les murs en terre, des chaînages de bois, horizontaux et verticaux, peuvent assurer la cohésion de l'ensemble.

Mais les Grecs excellent avant tout dans la maçonnerie de pierre. C'est là qu'apparaissent leur savoir-faire, pour la taille et l'assemblage, ainsi que leur sens esthétique, dans le travail des parements. En simplifiant, on distingue alors quatre sortes d'appareils de mur : celui fait de moellons, le polygonal, le trapézoïdal, le rectangulaire.

Les murs en moellons bruts ou à peine travaillés, parfois très gros, avec des petits « bouchons » (on parle alors d'« appareil cyclopéen »), sont connus depuis l'époque mycénienne et garderont toujours la faveur des Grecs, surtout pour soutenir des terrasses, dans des sanctuaires (Delphes) comme dans des exploitations agricoles (Délos). C'est évidemment toujours le matériau à portée de main qui est mis en œuvre.

En fendant un bloc brut en deux, on obtenait deux pierres avec une face à peu près plane : c'est ainsi que naquit, dès le VIIe siècle, l'appareil polygonal. Sa forme la plus ancienne, qui disparaît au début du Ve siècle, présente des joints courbes qui peuvent être remarquablement ajus-

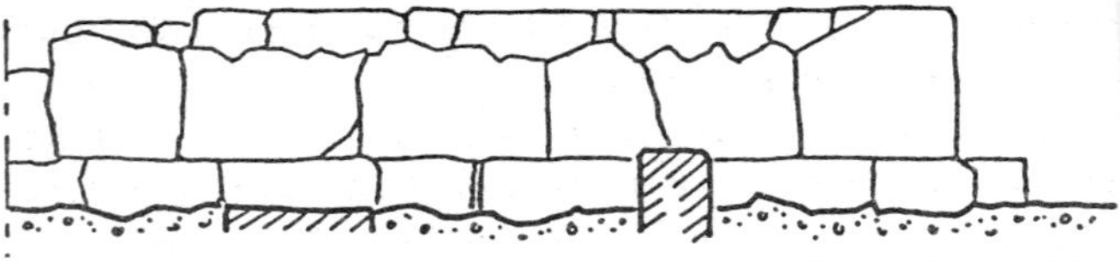

20. Mur en appareil polygonal à joints droits, à Érétrie (Ve siècle).

tés, à l'aide d'un gabarit en plomb. Il se rencontre avant tout sur la côte nord-ouest de l'Anatolie, d'où le nom d'« appareil lesbien » donné par Aristote, mais l'Attique et la Grèce centrale (Delphes) **[fig. 42]** en offrent aussi de beaux exemples, alors que cet appareil reste exceptionnel dans le Péloponnèse. Le polygonal à joints droits lui succède directement, dans des enceintes attiques, et se répandra sur une aire plus large au IVe siècle **[fig. 20]**. Rarement employé seul, il se voit par exemple dans des soubassements, où il finira par tendre à l'horizontalité. Qu'il soit à joints droits ou à joints courbes, ce type d'appareil a une incontestable valeur décorative, accentuée par la finition

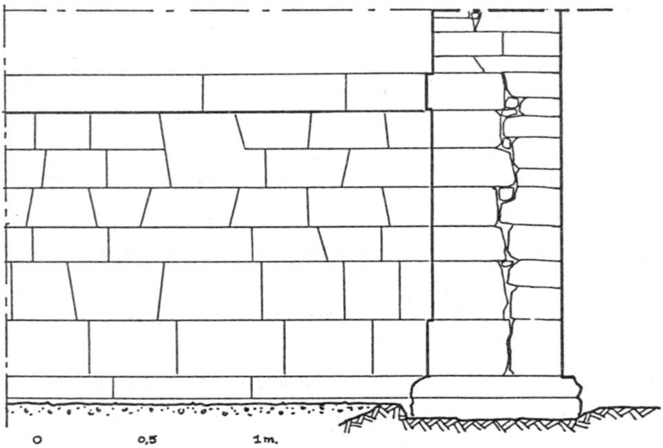

21. Mur à double cours, en appareil trapézoïdal pseudo-isodome, dans la Salle hypostyle de Délos (fin du IIIe siècle).

soignée des parements (Xanthos), alors que la face non visible des blocs est laissée brute.

L'appareil trapézoïdal présente des lits inférieurs et supérieurs horizontaux, les deux faces latérales du bloc étant obliques. Au IVe siècle, il peut être irrégulier, à décrochements ; mais dès le Ve siècle il est apparu sous une forme pseudo-isodome **[fig. 21]**, c'est-à-dire avec une alternance d'assises hautes et basses, comme dans le mur de soutènement (*analemma*) du théâtre de Délos, ou en Étolo-Acarnanie. Cette technique a peu à peu cédé la place au trapézoïdal isodome, répandu partout au IVe siècle, surtout dans des remparts.

Ces deux appareils, le polygonal et le trapézoïdal, étaient d'exécution assez lente et coûteuse, car ils nécessitaient un façonnage particulier pour chaque bloc, afin d'obtenir de bonnes lignes de joints, toujours sans ciment. Cet inconvénient disparaît dans le cas de l'appareil rectangulaire et explique le succès de ce dernier à partir de l'époque classique, surtout dans sa forme isodome **[fig. 13]**, qui s'inspire de la régularité des murs en briques : les blocs sont des parallélépipèdes rectangles que l'on intègre dans des assises de hauteur identique, leurs joints verticaux devant normalement tomber au milieu du bloc de l'assise inférieure (Parthénon). Également connu dès le VIe siècle en assemblage irrégulier, avec des blocs plus ou moins hauts et longs, ainsi que dans une forme pseudo-isodome (Milet), l'appareil rectangulaire peut être fait de parpaings simples, qui traversent de part en part l'épaisseur du mur, ou être à parpaings et carreaux, ces derniers étant alors employés sur les deux faces du mur, avec ou sans remplissage intérieur. Mais quel que soit l'appareil, il est assez rare que le parement soit entièrement ravalé et poli ; sa surface est souvent traitée pour obtenir un effet décoratif, par un bossage rustique fait au pic, ou en cernant des panneaux avec une ciselure polie.

Les colonnes et les murs diversement appareillés servent à monter des édifices dont le plus fascinant reste le

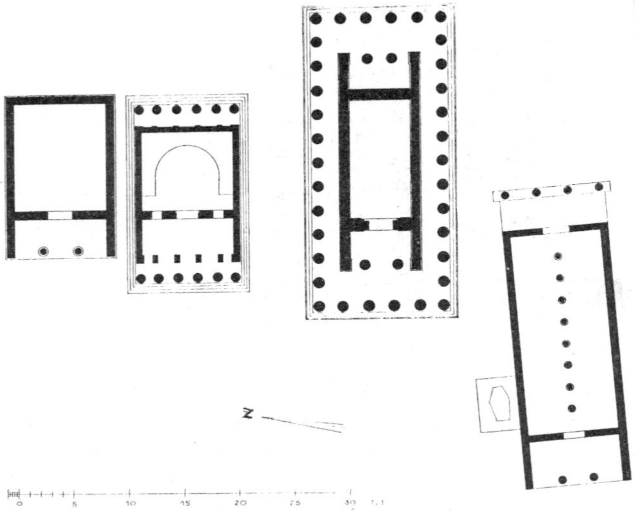

22. Plan de la série des temples d'Apollon à Délos : de g. à dr., le *Porinos naos*, restitué distyle *in antis* (seconde moitié du VIe siècle) ; le temple des Athéniens, amphiprostyle (dernier tiers du Ve siècle) ; le Grand temple, périptère, hexastyle, avec *pronaos* et opisthodome encadrant la *cella* (Ve siècle) ; l'*Oikos* des Naxiens (dans le premier tiers du VIe siècle, peut-être le premier temple d'Apollon), à colonnade axiale, et un porche prostyle ajouté vers 560 à l'est.

temple, avec ses plans et ses caractères bien fixés. Le fidèle n'entre pas dans le temple grec classique, qui est conçu pour la vision extérieure. C'est donc un périptère dorique autour duquel on tourne : une colonnade dorique continue y compose une galerie, ou *péristasis*, autour d'une salle principale, le *naos* (ou la *cella*, selon que l'on préfère le terme grec ou latin), divisée en trois nefs par deux rangées de colonnes qui se superposent sur deux niveaux, et précédée d'un vestibule, dit *pronaos*, cependant que la pièce symétrique à l'arrière, souvent destinée à renfermer des trésors, est dénommée « opisthodome » ; cette pièce et le *pronaos* sont normalement pourvus de deux colonnes entre

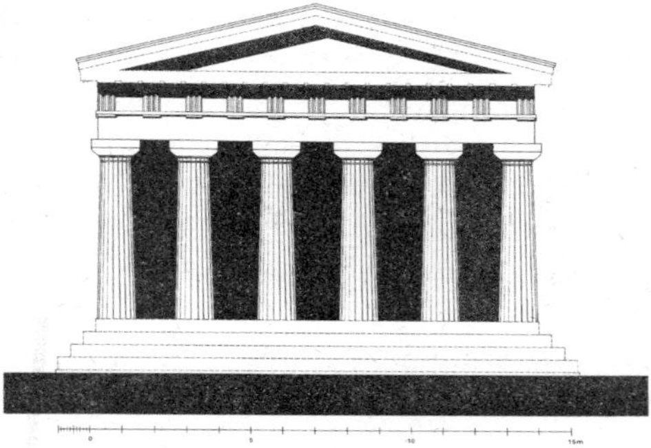

23. Façade hexastyle du temple des Dioscures à Agrigente (seconde moitié du Ve siècle).

les murs d'ante, soit une disposition distyle *in antis*. L'entraxe des colonnes de la *péristasis* classique, qui sont en principe au nombre de six sur les façades et de treize sur les longs côtés, est égal sur les quatre côtés, alors qu'à l'époque archaïque il était légèrement élargi sur les façades. Le chiffre des colonnes en façade sert à définir le temple : on dira hexastyle pour six, heptastyle pour sept, octastyle pour huit **[fig. 22-23]**. En Grèce propre, c'est l'axe de la deuxième colonne de façade qui sert à déterminer la ligne de la *cella*. Sans *péristasis,* la simple salle rectangulaire et son vestibule peuvent être précédés d'une colonnade *in*

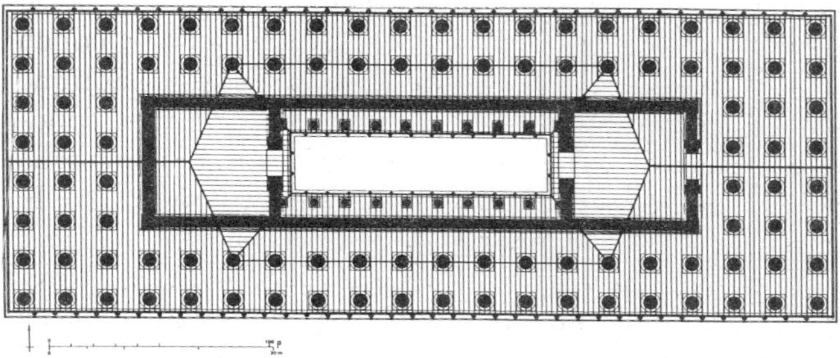

24. Toiture et plan de l'Olympieion hellénistique d'Athènes, diptère sur les longs côtés et triptère en façade, avec une *cella* hypèthre.

antis ou prostyle, donc sur toute la façade ; cette colonnade a parfois un pendant à l'arrière, dans la rare disposition amphiprostyle, connue pour des petits temples (celui d'Athéna Niké à Athènes). Le toit à double pente, en moyenne de 15°, forme deux frontons, à l'avant et à l'arrière, qui réalisent des tympans où prennent généralement place des sculptures à valeur symbolique. Lorsqu'il a succédé à un antique sanctuaire de la nature laissé à l'air libre, il arrive que le temple soit hypèthre **[fig. 24]**, c'est-à-dire totalement ou en partie découvert, mais cette option est rare, non classique et liée à la structure diptère, comme dans le cas de l'Olympieion d'Athènes, entouré d'une double *péristasis.* L'orientation à l'est, face au soleil levant, est fréquente sans être pourtant une règle (en Asie Mineure, les temples d'Artémis sont orientés à l'ouest) ; en principe, la lumière n'entre que par une grande porte, mais d'autres ouvertures se rencontrent : fenêtres haut placées, porte latérale. Les temples les plus anciens, nettement plus étroits et profonds que leurs successeurs, recevaient donc moins de lumière que les temples classiques et hellénistiques, dont la *cella* tend au carré, et les temples ioniques sont en général mieux éclairés que ceux d'ordre dorique, grâce à une porte plus haute.

En réalité, le temple classique du Ve siècle, qui tend à l'abstraction dans sa grande unité organique, obtenue par de rigoureux calculs de proportions où toutes les mesures sont interdépendantes, est le produit d'une longue période de tâtonnements et sera transformé dès les années 400 par de nouvelles recherches.

Mais avant d'en arriver là, bien des étapes auront été nécessaires, que nous allons maintenant essayer de retracer.

3

Les débuts

La Grèce au IIe millénaire

Les recherches sur l'état de la Grèce avant le Ier millénaire ont pris un tel développement ces dernières années que l'archéologie protohistorique constitue désormais une spécialité qui suit sa voie propre, distincte de celle de l'archéologie dite classique. Ce n'est donc pas ici le lieu de s'étendre sur les traits de l'architecture égéenne « préhellénique » (un terme ancien, commode mais peu justifié, quand il s'agit des Mycéniens, qui parlaient le grec) ; il nous suffira d'en donner rapidement les grandes lignes, les éléments nécessaires pour tenter d'évaluer les phénomènes complexes de changement et de continuité dans le passage de l'Âge du Bronze (3000-1050) à l'Âge du Fer, phénomènes qui sont loin d'être suffisamment éclaircis.

Les nombreux travaux menés en Thessalie et ailleurs ont bien amélioré notre connaissance de la période néolithique en Grèce (6500-3000). C'est alors qu'est apparue la maison à une ou plusieurs pièces, en briques crues ou en torchis, généralement quadrangulaire ; on trouve même déjà le type dit « à *mégaron* », fait d'une grande pièce rectangulaire précédée d'un porche. À la fin de l'Helladique Ancien (HA), vers 2000, le regroupement en agglomérations s'intensifie.

Alors qu'aucune évolution majeure n'est constatée sur le continent, naît en Crète ce qu'on a appelé la civilisation minoenne. C'est surtout à partir du XVIIe siècle, soit pendant la période du Minoen Moyen (MM : 1900-1500), qu'elle rayonne sur la Crète, où elle atteint son plein épanouissement avec la construction des grands palais (Cnossos, Malia), autour desquels se développent des villes remarquables par leurs riches maisons. Les premiers palais, détruits à la fin du MM II (1700) et vite reconstruits, présentaient déjà le système de la cour centrale rectangulaire autour de laquelle s'organisent de multiples pièces, souvent d'interprétation malaisée, sur plusieurs niveaux. Les seconds palais, un peu moins mal connus que les premiers, regroupent autour de la cour tous les insignes du pouvoir, des salles d'apparat ou de réception très ornées, à baies multiples, d'immenses magasins qui témoignent de la centralisation économique, des salles-sanctuaires – mais le culte pouvait aussi se célébrer dans la cour, à l'aide de fosses sacrificielles et de tables à cupules, ou dans une aire théâtrale. Des petits sanctuaires indépendants ont néanmoins été repérés, parfois dans des grottes ou sur des sommets. Cette brillante civilisation palatiale s'est effondrée vers 1450, laissant la place libre en Crète aux Mycéniens.

En effet, à partir de l'Helladique Récent (HR), soit vers 1550, s'était installée sur le continent la civilisation mycénienne, qui a intégré et adapté des apports divers – y compris celui des Minoens. Contrairement à ce qu'on a longtemps cru, ce monde riche et imposant n'a pas émergé grâce à l'invasion soudaine d'un peuple guerrier et plus civilisé, plus intelligent. Il apparaît aujourd'hui que l'évolution s'est étalée sur plusieurs générations, restant ancrée dans la Grèce du Bronze Moyen. Ainsi, les tombes du cercle B de Mycènes rappellent les tombes à ciste courantes pendant l'Helladique Moyen, et la forme architecturale la plus notable du monde mycénien, la tombe à *tholos*, ne copie pas directement les tombes circulaires crétoises sans couloir d'accès (*dromos*), mais doit plutôt résulter de l'amalgame de cette forme avec le *tumulus*, traditionnel sur le continent. En outre, les maisons d'habitation ont conservé le même type de plan et de structure simples qu'autrefois ; ce sont elles qui renferment les lieux de culte, de sorte que l'identification des sanctuaires mycéniens, qui peuvent d'ailleurs être en plein air, n'est pas facile. Ces Grecs mycéniens ont acquis des connaissances techniques poussées, à travers d'impressionnantes constructions : ce sont non seulement des tombes à *tholos*, en encorbellement, mais aussi des routes, des barrages, des ponts et surtout des remparts, qui utilisent souvent l'appareil cyclopéen, en énormes blocs enserrant des petites pierres, sans mortier. L'allure très spectaculaire de ces fortifications ne doit pas masquer le fait que leur usage n'était pas général. Elles entourent certains palais, comme ceux de Mycènes et de Tirynthe **[fig. 25]** qui se trouvent au sommet d'une citadelle, organisés autour d'une grande salle rectangulaire à foyer central et porche à deux colonnes, le *mégaron*. L'aspect monumental de l'ensemble de Mycènes est accentué par les lourds blocs (plus de 20 tonnes pour le seuil et le linteau) de l'entrée principale, connue sous le nom de « Porte des lionnes », en raison de sa décoration sculptée. Ces fortifications protègent aussi des villages, tel celui du site de Delphes, qui se présente au XIVe siècle, à l'emplacement du futur sanctuaire d'Apollon, comme une agglomération fortifiée au moins partiellement par une muraille épaisse de plus de 2 m, autour de ses maisons à une ou deux pièces et de ses tombes. Enfin, elles constituent des postes régionaux d'observation ou de refuge, près de voies de communication importantes (Gla en Béotie, Krisa en Phocide).

En Crète, l'occupation mycénienne a développé une architecture hybride, qui combine des traits minoens et mycéniens. La qualité technique des constructions est globalement en baisse, au contraire de ce qui se passe sur le

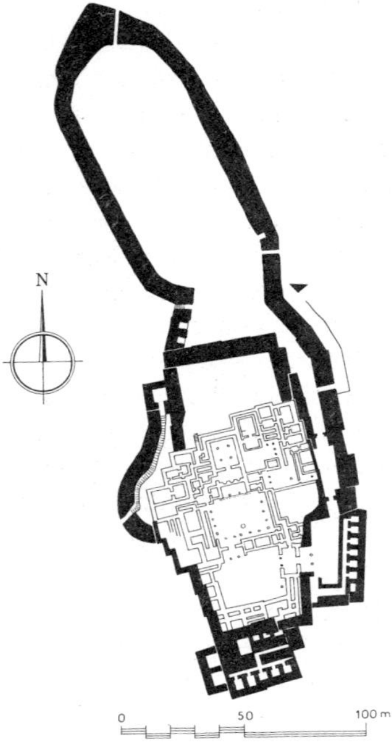

25. Acropole fortifiée de Tirynthe (XIIIe siècle). Au centre, donnant sur la deuxième cour, le *mégaron*.

continent. Un ensemble architectural notable est celui d'Haghia Triada, qui regroupe au Minoen Récent III (1400-1200) un *mégaron* de type continental, un sanctuaire orné de fresques, et même, donnant sur une cour, un portique pourvu d'une file de pièces à l'arrière, comme nous en verrons bien des siècles plus tard.

Pour des raisons encore peu claires, peut-être tout simplement internes, cette civilisation mycénienne s'est effondrée entre 1200 et 1100, laissant des ruines monumentales. Viennent ensuite ce qu'on a coutume d'appeler les « Âges Obscurs » (de l'anglais *Dark Ages*), quelque deux ou trois siècles mal connus, pendant lesquels beaucoup de sites disparaissent, alors que d'autres (Tirynthe, Mycènes) se contentent de se transformer.

L'époque géométrique (1050-700)

L'origine des temples reste à bon droit la question majeure pour qui s'intéresse aux débuts de l'architecture grecque. Or, le schéma relativement simple qui avait été jusqu'à présent à peu près accepté – hypothèse de l'adjonction tardive d'une colonnade autour de bâtiments de culte initialement conçus sans *péristasis*, et reprenant la forme ancienne du *mégaron* – est remis en cause par les travaux menés depuis une vingtaine d'années.

Ils concernent d'abord l'édifice fouillé sous un *tumulus* à Lefkandi (Eubée). Daté par les trouvailles de céramique des années 1000-950, c'est-à-dire la période protogéométrique, il est exceptionnellement grand pour l'époque (13,50 x 50 m) et en forme d'épingle à cheveux **[fig. 26]**.

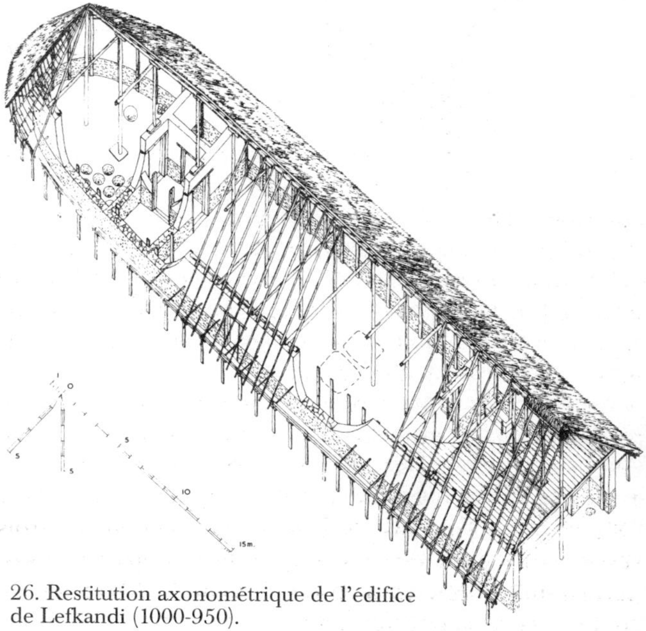

26. Restitution axonométrique de l'édifice de Lefkandi (1000-950).

Sur un socle de pierres, les murs en briques crues ont un toit de chaume en bâtière supporté sur trois côtés par des piliers, telle une véranda. Un profond vestibule, deux petites pièces et une abside encadrent une grande salle principale qui tient lieu de tombe pour un couple princier et quatre chevaux ; le tout est parcouru par une colonnade axiale. Les éléments en présence permettent de penser qu'il s'agissait au départ de la maison du prince, donc une sorte d'*anaktoron*, transformée en monument funéraire après sa mort, d'où le *tumulus*. Quoi qu'il en soit – car il faudrait disposer d'autres constructions du même type pour mieux assurer l'interprétation –, les débuts de l'architecture grecque monumentale apparaissent maintenant comme très anciens, la *péristasis* ayant été conçue pour protéger des intempéries et magnifier l'habitat du chef avant d'être utilisée pour le temple.

En tout cas, c'est seulement à la fin du VIIIe siècle que des édifices de plus de 30 m, à fonction clairement cultuelle, ont été construits. Et si nous faisons le compte de ceux, plus petits, dont la date est antérieure, nous voyons qu'à l'exception des temples crétois, rectangulaires et à banquette intérieure (comme à Kommos), qui montrent une remarquable continuité avec l'époque minoenne, ces édifices sont absidaux, un plan connu depuis longtemps mais assez peu utilisé à l'époque mycénienne ; précisons toutefois d'emblée qu'il le fut par exemple à Thermos en Étolie, un site anciennement fouillé, dont la chronologie vient d'être revue : la construction du bâtiment dit « *Mégaron* B », à parois légèrement incurvées sur un plan rectangulaire, n'est plus datée du protogéométrique mais remonte, comme ses voisins absidaux, à la fin de l'HR ; et il était comme eux dépourvu de colonnade périptère, les prétendues bases qui l'entourent étant en réalité les restes d'un dallage postérieur. Pour l'époque protogéométrique peuvent être pris en considération des bâtiments absidaux comme ceux de Nichoria en Messénie, de Koukounariès à Paros, et une maison absidale dans le sanctuaire d'Olympie. Le caractère sacré de ces édifices n'est pas certain : d'après divers indices (dimensions, présence d'un foyer, d'un autel, restes variés) nous serions plutôt en présence de la demeure d'un personnage important, un chef, qui organisait chez lui des banquets rituels succédant à des sacrifices, dans le cadre du culte d'un héros. Retenons de tout cela qu'il faut désormais, après ces trouvailles et celle de Lefkandi, envisager des rapports originels étroits entre l'habitat princier et les lieux de culte.

À l'époque proprement géométrique (VIIIe siècle) s'opère la distinction entre les bâtiments des chefs et ceux des dieux ; pour ceux-ci la diversité des plans est alors frappante, les matériaux employés restant toutefois modestes : briques crues sur socle de pierres, avec chaînages des murs et parties hautes en bois. Nous retrouvons des édifices absidaux dans de véritables sanctuaires à Érétrie d'Eubée **[fig. 27]**, à Tégée et à Pérachora dans le Péloponnèse. Un cas particulièrement intéressant est celui du temple très allongé, daté d'environ 700, découvert à Anô Mazaraki,

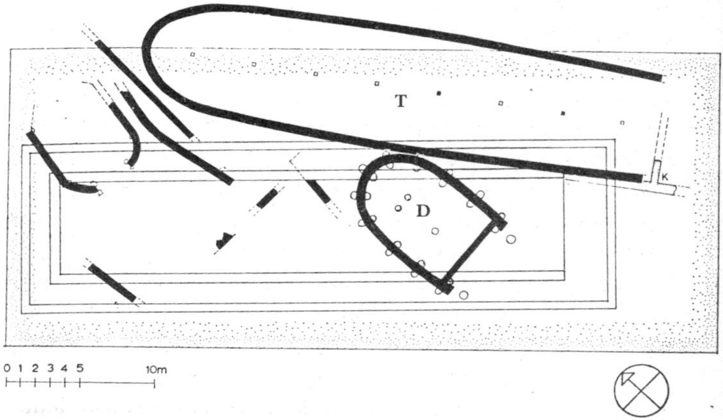

27. Édifices absidaux dans le sanctuaire d'Apollon à Érétrie. Le petit bâtiment D est antérieur au grand temple d'Apollon T, érigé vers 725.

28. Maquette d'édifice (temple ?) de l'Héraion d'Argos (premier quart du VIIe siècle). L'espace tympanal est encore ouvert.

près de Patras, dans un sanctuaire remontant à l'époque mycénienne : à l'abside traditionnelle qui abrite un *adyton* fait pendant un porche d'entrée de cinq piliers structurés en hémicycle ; le tout était entouré d'une *péristasis* de quarante et une colonnes en bois sur bases en pierre, les murs étant en briques crues et la charpente en pin. Mais nous connaissons surtout de petits édifices cultuels carrés ou rectangulaires, du type *oikos* : ainsi dans les Cyclades à Naxos (sanctuaire d'Iria) et plus tard à Délos (Héraion I), à Dréros en Crète, à Aigeira ou à Asiné dans le Péloponnèse, et c'est peut-être ainsi qu'il faut imaginer le premier temple de l'Héraion d'Argos, d'après une maquette votive[11] en terre cuite un peu plus récente, trouvée sur place **[fig. 28-29]**.

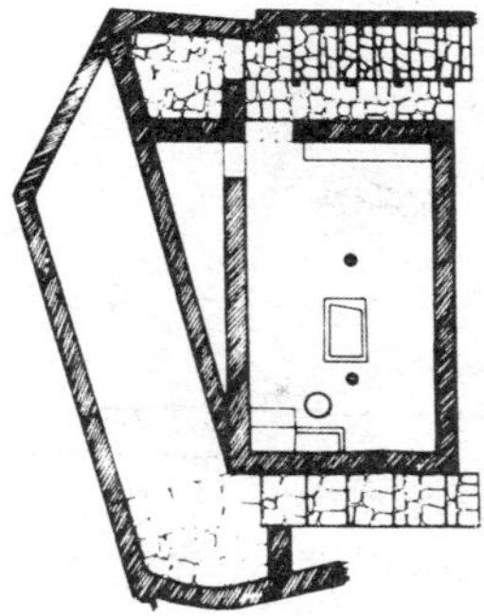

29. Plan restitué du temple de Dréros dans son environnement ; au centre, un foyer entre deux poteaux (seconde moitié du VIIIe siècle). Éch. 1:500.

Parmi les villages de cette époque géométrique, attardons-nous sur celui de Zagora, qui s'est élevé entre le IXe et le VIIIe siècle au sommet d'un promontoire balayé par les vents de l'île d'Andros ; il a été abandonné vers 700 sans que le site soit réoccupé, de sorte que nous ignorons son nom antique. Cette modeste agglomération ne rassemblait que quelques centaines de personnes dans des maisons à plusieurs pièces quadrangulaires, de taille très variable, donnant sur une cour **[fig. 30]**. Les murs en pierre portaient un toit plat soutenu par des poutres en bois. En l'absence de sources et de citernes, l'eau de pluie semble avoir été recueillie dans de grandes jarres. On suppose que le culte avait lieu dans un simple emplacement hypèthre avec un autel, devant une demeure plus importante que les autres.

Au total, si l'on prend l'ensemble des sites connus, les maisons quadrangulaires l'emportent en nombre sur celles qui ont repris le vieux plan absidal ou ovale. Ce dernier, qui suppose un toit en bâtière, s'est mieux conservé pour des maisons d'habitation dispersées, car il est mal com-

11. Les maquettes d'édifices grecs retrouvées sont toutes des ex-voto : elles ne donnent pas d'informations sur un projet, mais sur une architecture existante (de maisons, ou de temples ?). Voir G. SCHATTNER, *Griechische Hausmodelle, Untersuchungen zur frühgriechischen Architektur* (Berlin, 1990).

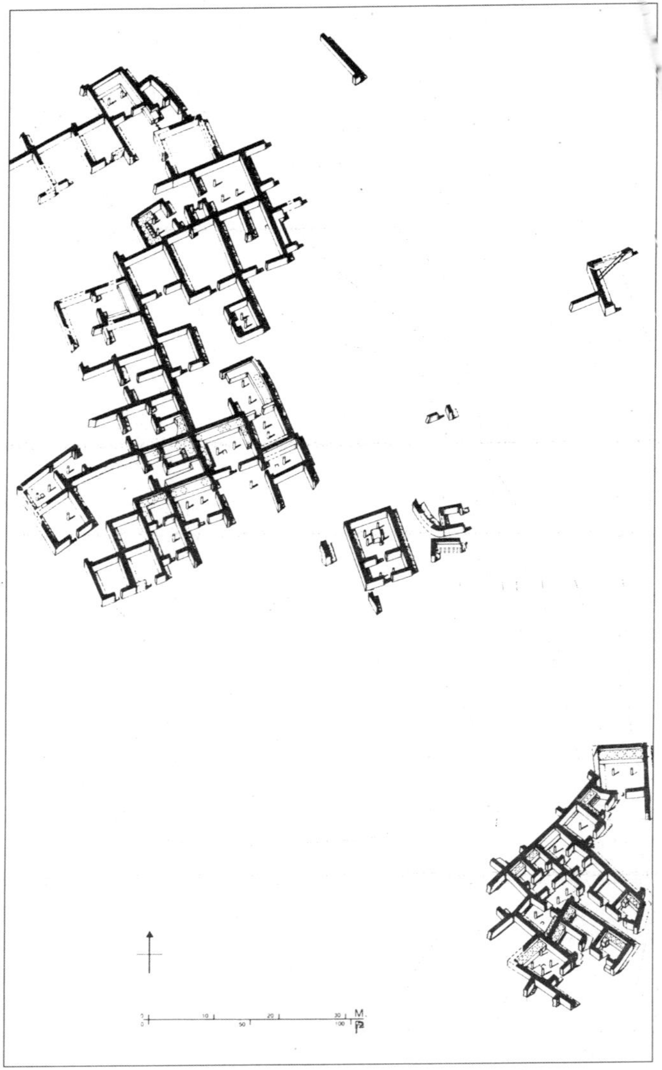

30. Plan du village de Zagora d'Andros (IXe-VIIIe siècle).

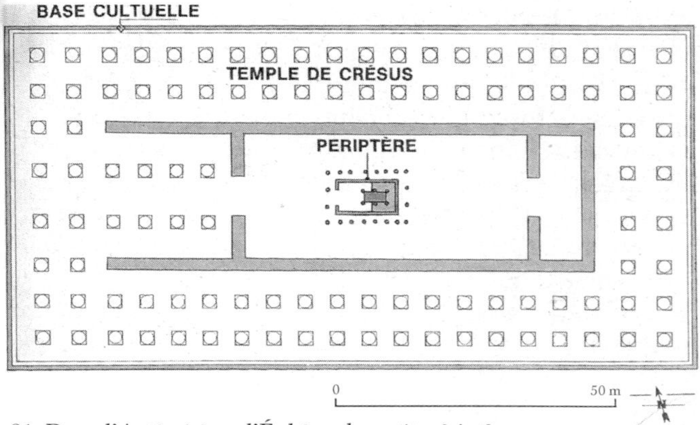

31. Dans l'Artémision d'Éphèse, le petit périptère du VIIIe siècle intégré dans le grand diptère de Crésus, au VIe siècle.

patible avec l'urbanisation grandissante : ainsi à Asiné et dans l'Ancienne Smyrne, où le plan rectangulaire s'impose toutefois peu à peu.

À Zagora, l'unique accès au site était barré par un mur de pierres, contre lequel étaient adossées certaines des maisons. Ce type de fortification peu solide, destiné à protéger une aire réduite mais peuplée en permanence, se rencontre dans d'autres îles des Cyclades (Siphnos) et en Asie Mineure (mont Mykale), mais non en Grèce continentale, où le village de Lathourésa en Attique, par exemple, rassemble sans protection apparente, vers la fin du VIIIe siècle, des maisons en pierres grossièrement taillées, à pièces carrées ou arrondies, ces dernières pouvant servir au stockage.

L'épaisse muraille de construction massive, avec tours et bastions, qui entourait la péninsule de l'Ancienne Smyrne dès le VIIIe siècle, préfigure les grandes fortifications de la Grèce classique et hellénistique. D'une manière générale, les villes ioniennes, davantage menacées par l'est, et celles des Cyclades se sont protégées par des murailles avant les cités de Grèce propre. Et l'Asie Mineure a encore confirmé récemment son rôle pionnier en matière d'architecture, avec une évolution différente de celle du continent. Sur le site du sanctuaire d'Artémis à Éphèse, fréquenté sans interruption depuis la période mycénienne, a été découvert un petit temple en calcaire du VIIIe siècle, nanti d'une *péristasis* de 4 x 8 colonnes en bois sur des bases en schiste ; à l'intérieur du *naos*, ouvert à l'ouest, ce qui paraît être un baldaquin entoure une structure rectangulaire **[fig. 31]**. Le tout sera réutilisé dans les fondations du grand temple de Crésus, dont nous aurons l'occasion de reparler.

4
L'époque archaïque
(700-480)

En Grèce, les VIIIe et VIIe siècles voient la naissance des cités-états autonomes, les *polis*. Plusieurs processus de formation sont possibles. Érétrie d'Eubée, par exemple, est fondée par regroupement de villages (synœcisme) ; dans le cas d'anciens sites mycéniens, comme Athènes, Mycènes, Thèbes, le développement est radial à partir de l'acropole : l'habitat a peu à peu débordé des vieux murs pour former une ville basse, puis l'acropole a été réservée aux dieux (VIIe siècle) pendant que l'urbanisation s'est accélérée de manière anarchique à ses pieds. Construire un grand temple pour la divinité principale témoigne alors de la prise de conscience communautaire des habitants d'une cité.

La Grèce continentale

L'architecture religieuse

À l'aube du VIIe siècle, tous les moyens d'accès au monumental sont désormais connus et utilisés pour le temple, ce bâtiment majeur qui doit symboliser le prestige de la *polis*, après la disparition du système monarchique où le roi, le *basileus*, était aussi chargé des affaires religieuses. La taille de la pierre en blocs réguliers est maîtrisée, la fabrication en nombre de tuiles de terre cuite standardisées est au point ; et le péristyle, autrefois adopté pour la maison du chef, a réapparu, cette fois pour magnifier le temple en l'isolant, puisqu'il n'est techniquement pas nécessaire pour soutenir une lourde toiture.

Privée de points fixes, la chronologie des temples les plus anciens présente encore bien des incertitudes et a tendance, depuis quelque temps, à être légèrement abaissée, avec de bons arguments tirés du réexamen complet, interne et comparatif, de toutes les données dont nous disposons, aussi bien la stratigraphie (lorsqu'il ne s'agit pas d'une fouille ancienne) que le travail des pierres et la technique des terres cuites architectoniques, dont la classification est maintenant mieux dominée. C'est ainsi que dans le sanctuaire extra-urbain d'Argos, le temple archaïque d'Héra **[fig. 17]**, traditionnellement daté de la première moitié du VIIe siècle, serait plutôt à placer à la fin du même siècle ; dans ce cas ce ne serait pas le premier temple dorique, comme l'avait écrit Vitruve (*De architectura*, IV, 1, 3). On assiste parfois aussi à des réinterprétations :

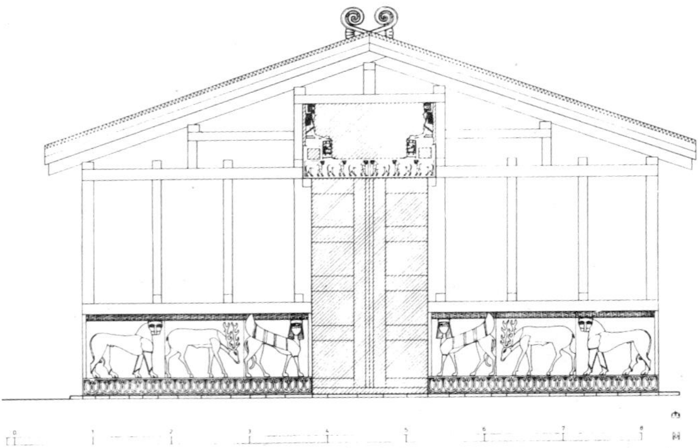

32. Façade restituée du temple A de Prinias (vers 650).

le bâtiment allongé à quatre pièces découvert hors les murs d'Halieis, en Argolide, n'est sans doute pas un temple d'Apollon du VIIIe siècle, mais une salle de banquets publics (*hestiatorion*) sur laquelle fut aménagé, au Ve siècle, le « vrai » temple d'Apollon... Il s'agit là d'un exemple parmi d'autres illustrant le fait, souvent oublié, qu'un *naos* n'est pas indispensable à l'activité cultuelle, qui a besoin avant tout d'un autel autour duquel se rassemblent les fidèles, et d'un emplacement pour le rite du banquet consécutif au sacrifice sanglant, dans un sanctuaire délimité par des bornes ou un péribole. Dans cette perspective, plus encore que l'abri de la ou des statues des divinités (car le mot *naos* est de la même famille que *naiô*, « habiter »), le temple est le principal monument de la cité, par sa taille comme par les matériaux employés, qui doivent témoigner de l'innovation technique. Son aspect extérieur est donc bien plus important que l'intérieur. Par sa situation en vue, de préférence surélevée, il devient une sorte de phare ou d'enseigne, et, lorsqu'il est situé *extra-muros*, il doit en outre représenter la cité et marquer son territoire.

La position clé de Corinthe, au cœur des voies de communication, et son artisanat florissant de l'argile expliquent en partie le rôle directeur que joue désormais cette région, qui manifeste clairement sa vocation industrielle et commerciale. L'archéologie a confirmé les témoignages d'auteurs tels que Pindare ou Pline l'Ancien, qui associent le nom de la Corinthie à la plus ancienne architecture monumentale, que l'on peut qualifier de «protodorique». Remarquons à ce propos que seule une région puissante et capable d'une technique avancée a pu mettre en œuvre, dès la première moitié du VIe siècle, une voie empierrée (*diolkos*) qui traverse l'isthme en son point le plus resserré, pour permettre de haler les bateaux d'un golfe à l'autre.

Vers 675-665 fut donc construit le premier temple d'Apollon à Corinthe, un simple *oikos* pour lequel fut inventée, sur un toit à croupe sans pignon, la couverture

« protocorinthienne » non décorée, faite de couvre-joints arrondis solidaires des tuiles de dessous légèrement concaves **[fig. 34]**. Ce genre de lourde toiture, qui nécessitait de solides murs en pierres de taille pour la supporter, ne paraît pas dériver des toits de tuiles mycéniens, mais pourrait transcrire en terre cuite des toits de bardeaux. Au deuxième quart du VIIe siècle nous la retrouvons un peu plus évoluée sur le temple de Poséidon à Isthmia, qui mesurait 14,20 x 39,25 m. Les murs stuqués, peints à l'extérieur et flanqués de pilastres à l'intérieur, étaient entourés d'une *péristasis* de 7 x 18 colonnes en bois ; il y avait aussi sept colonnes médianes, dont deux dans le *pronaos*, avec une sorte d'opisthodome non encore canonique. La frise à triglyphes est absente et l'examen du larmier, à lit d'attente horizontal et soffite nu, montre qu'il ne peut s'agir de la pétrification d'une corniche en bois ; d'après d'autres

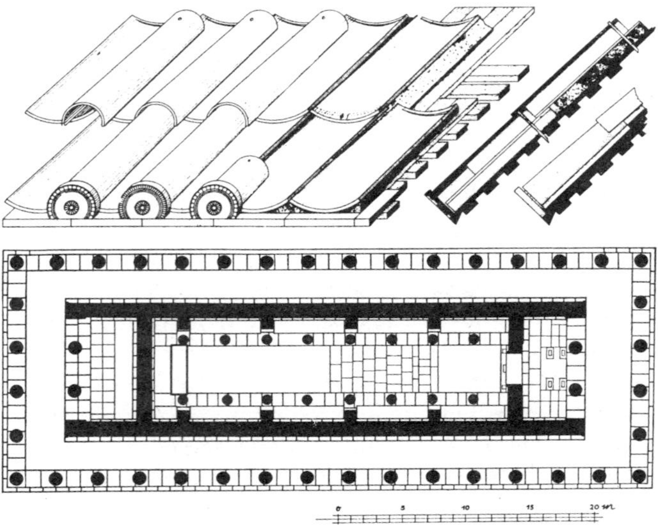

33. Plan du temple d'Héra à Olympie, et restitution partielle de son toit laconien (vers 600-590).

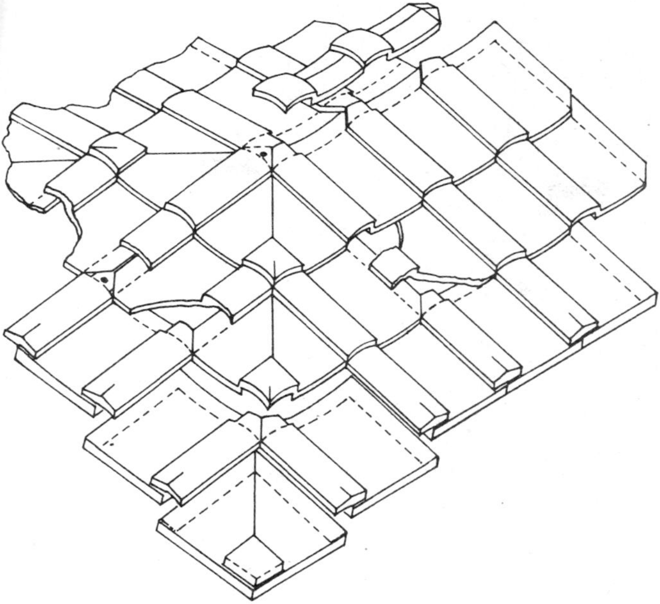

34. Restitution partielle du toit protocorinthien du premier temple d'Apollon à Corinthe (675-665). Éch. 1:25.

éléments remarqués sur divers temples archaïques (irrégularités et variantes de la frise dorique et du larmier, apparition tardive des mutules qui sont, à l'origine, un pur motif décoratif), il semble désormais acquis que les ordres sont une création éclectique et que l'évolution des parties hautes du temple ne s'est pas faite d'une manière linéaire et uniforme, directement à partir d'une architecture de bois. Il en va de même pour le corps du bâtiment : à Kalapodi en Phocide, dans un sanctuaire d'Artémis où un temple géométrique a recouvert le niveau mycénien, le temple prostyle du VIIe siècle est encore en briques crues avec colonnes de façade en bois. Le passage au monumental n'a donc pas eu lieu partout de la même façon, des sanc-

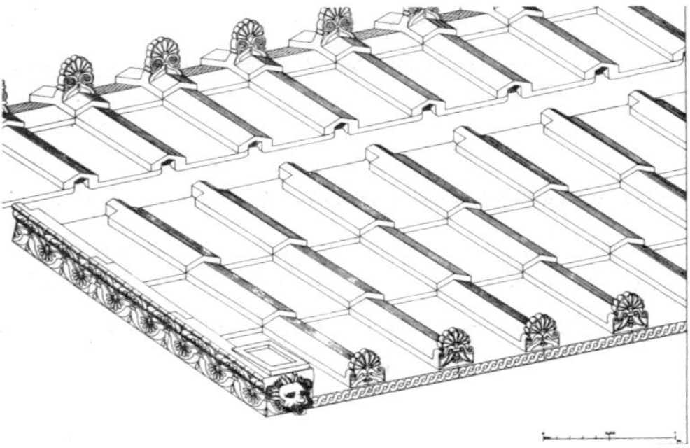

35. Restitution partielle du toit « corinthien » du deuxième temple d'Apollon à Corinthe (550-540).

tuaires panhelléniques comme Isthmia et Delphes ayant certainement joué un rôle moteur dans la diffusion des nouvelles formules architecturales qui vont l'emporter. En revanche, dans une région reculée comme l'Arcadie, où s'élèvent de nombreux édifices religieux à l'époque archaïque, les simples *oikos*, soit des plans non périptères, ont longtemps survécu et ont influencé les proportions des temples périptères édifiés par la suite sur les mêmes sites (à Pallantion, Alipheira, Tégée, Orchomène). La Crète, elle, reste et restera un monde à part, qui n'exercera aucune influence sur le développement de l'architecture hellénique : on y construit sur la colline de Prinias, vers 650 d'après le style de son riche décor sculpté d'inspiration aristocratique **[fig. 32]**, un temple dans la vieille tradition locale de l'*oikos* à banquette et foyer intérieurs, une forme qui implique que les cérémonies se déroulent dans l'édifice pour un petit nombre de privilégiés, et peu après, dans la seconde moitié du VIIe siècle, le temple d'Apollon Pythien à Gortyne est conçu sous la forme d'un *oikos* barlong avec un toit probablement plat, soutenu par quatre poteaux en bois.

En tout cas, dans le sanctuaire panhellénique d'Olympie, la structure déjà canonique du temple d'Héra – c'est-à-dire : avec un *pronaos* et un opisthodome bien symétriques – contraste avec nombre de traits qui paraissent attardés au moment de sa construction, vers 600-590 **[fig. 33]** : plan très allongé (18,76 x 50,01 m au stylobate), *crépis* à un seul degré, dalles de stylobate sans correspondance avec la place des colonnes, en bois, qui ont été progressivement remplacées par des exemplaires en pierre de styles variés (si l'on en juge d'après le profil des chapiteaux doriques, le diamètre des fûts et le nombre des cannelures), entablement en bois lui aussi, et enfin, dans la double colonnade de la *cella*, une colonne sur deux est rapprochée d'un petit mur de refend, qui fait songer aux poteaux en bois renforçant les murs intérieurs des édifices de date antérieure, en matériaux modestes. Surmonté d'un grand acrotère faîtier en disque, le toit est couvert de terres cuites dites « laconiennes », où les couvre-joints semi-cylindriques sont dissociés des tuiles de dessous concaves : probablement aussi inventées en Corinthie, les plus anciennes tuiles de ce type ont été trouvées en Phocide et en Attique, mais par la suite elles seront durablement utilisées dans la région de Sparte, d'où leur nom.

Parmi les constructions vraiment monumentales qui se succèdent désormais rapidement, se distingue le temple d'Artémis élevé à Corfou, l'antique Kerkyra, colonie de Corinthe **[fig. 36]**. Dans ce pesant péri-

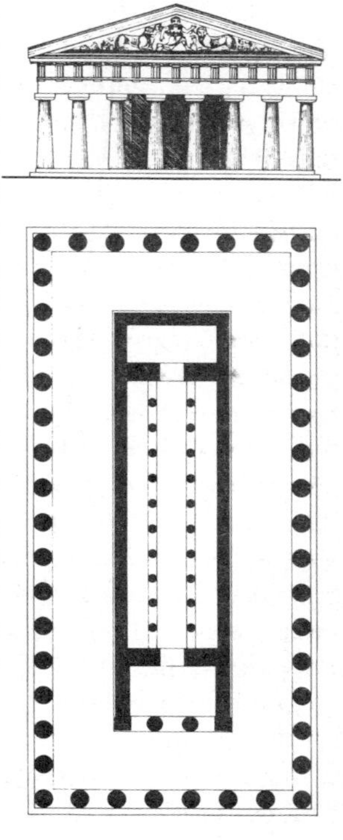

36. Façade et plan du temple d'Artémis à Corfou (début du VIe siècle). Éch. 1:500.

37. Le deuxième temple d'Apollon à Corinthe (550-540) au début du XIXe siècle, par Ch. R. Cockerell.

ptère de 8 x 17 colonnes en *poros* à chapiteaux en galette, ceints d'un gorgerin à feuilles d'eau, la longue *cella*, précédée d'un *pronaos* et suivie d'un *adyton*, était divisée en trois nefs. Alors que le fronton du temple d'Héra à Olympie est dépourvu de sculptures, la gorgone encadrée de félins qui occupait le tympan ouest du temple de Corfou compose le premier fronton sculpté connu, daté du début du VIe siècle par comparaison avec les formes de la céramique corinthienne. Malgré cette indéniable parenté avec sa métropole, Corfou a développé un système de terres cuites architectoniques indépendant, puisque la corniche du temple d'Artémis possède un revêtement en terre cuite sans parallèle à Corinthe, et que les antéfixes à décor figuré trouvées sur le site de Mon Repos n'ont de correspondantes qu'au temple de Calydon ou au temple C de Thermos, qui montrait vers 625 des triglyphes et des métopes en bois, ces dernières recouvertes de plaques polychromes en façade.

Le deuxième temple d'Apollon à Corinthe **[fig. 35, 37]**, qui domine toujours l'*agora*, est bien représentatif de l'ordre dorique du milieu du VIe siècle, avec son lourd entablement porté par les chapiteaux en galette des 6 x 15 colonnes spécialement trapues de son péristyle, mesurant 21,49 x 53,82 m au sommet des quatre degrés de la *crépis*. Seules les colonnes, elles aussi monolithes, du temple de sa colonie syracusaine sont encore plus épaisses. Au deuxième tiers du VIe siècle (date estimée, par comparaison), le premier temple d'Aphaia dans l'île d'Égine, en *poros* embelli d'une polychromie rouge-bleu-noir restée très vivace, ne devait pas donner la même impression de massivité **[fig. 39]** : dans cet édifice prostyle tétrastyle, la *cella* à quatre colonnes disposées en carré était suivie d'un *adyton*. L'ensemble avait été construit sur la base de rapports géométriques simples, du type 1:1 ou 1:2, avec l'aide de repères tracés sur les blocs. Certains détails montrent que nous sommes encore au stade des tâtonnements dans la formation de l'ordre dorique : les gouttes sont en nombre impair, les joints de l'architrave, en deux assises, ne sont pas dans l'axe des colonnes, dont les cannelures ont été taillées avant la mise en place, la longueur des blocs des murs est variable.

38. Vue du temple d'Athéna à Delphes, construit vers 500, détruit par des éboulements en 1905.

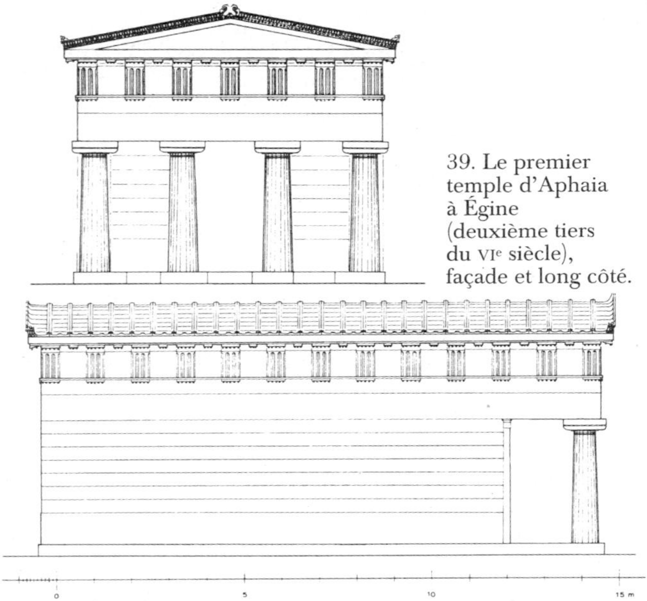

39. Le premier temple d'Aphaia à Égine (deuxième tiers du VIe siècle), façade et long côté.

Les fûts et autres blocs monolithes des temples les plus anciens vont peu à peu céder la place aux multiples pièces toujours mieux ajustées, qu'il s'agisse de tambours de colonnes **[fig. 38]** ou d'architraves en deux ou trois cours. Et à partir de la fin du VIe siècle, les temples, comme les trésors construits à leur image dans les grands sanctuaires, sont pour la plupart couverts de tuiles en terre cuite du type « corinthien », qui combine des tuiles de dessous plates avec des couvre-joints pentagonaux **[fig. 35]** – un assemblage commode, plus facile à produire rapidement que son rival et prédécesseur, le système « laconien ». Mais ce dernier ne sera jamais totalement supplanté, surtout dans l'architecture domestique, où il gardera toujours la préférence. Dans les deux cas, entre les tuiles et la charpente est normalement intercalée une couche isolante faite d'argile mélangée à de la paille ou à des roseaux.

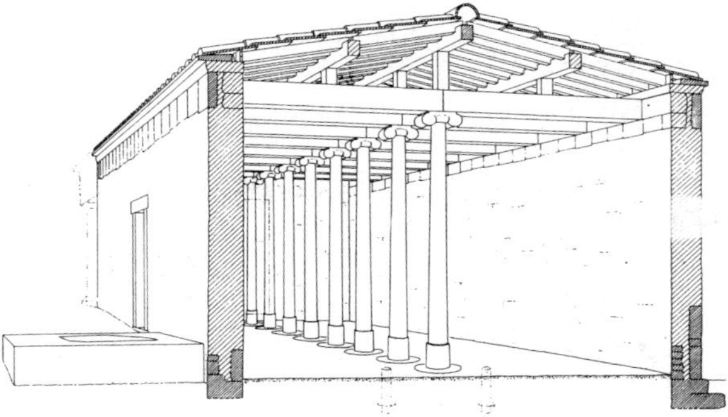

40. Coupe restituée sur l'*Oikos* des Naxiens à Délos (premier tiers du VIe siècle).

Les deux toitures, laconienne et corinthienne, ont successivement été connues dans les Cyclades, où l'abondance des carrières de marbre, de qualités diverses, a très tôt permis une excellente maîtrise de ce matériau, utilisé du sol jusqu'aux tuiles, portes et charpente comprises. Extrait en suivant les affleurements horizontaux, une technique locale qui sera ensuite remplacée par celle du front de taille, le marbre naxien eut vite une position dominante, au point que la tradition attribuait au Naxien Byzès l'invention des tuiles de marbre. À Délos, un bâtiment monumental à colonnade axiale **[fig. 40]**, érigé au premier tiers du VIe siècle dans ce marbre de Naxos très blanc à gros cristaux brillants, et amplifié par un vestibule prostyle vers 560, est dénommé « *Oikos* des Naxiens » d'après des inscriptions postérieures, alors qu'on a des raisons d'y voir un temple d'Apollon. C'est dans son prolongement que les Naxiens installèrent, à la fin du VIe siècle, une *stoa* coudée aux caractères similaires : sveltesse des colonnes ioniques, qui restent de proportions libres sur des bases en forme de simple dé ; murs non isodomes à double parement, où les scellements horizontaux, toujours réalisés « en queue d'aronde » de bois ou de métal, sont rares et réser-

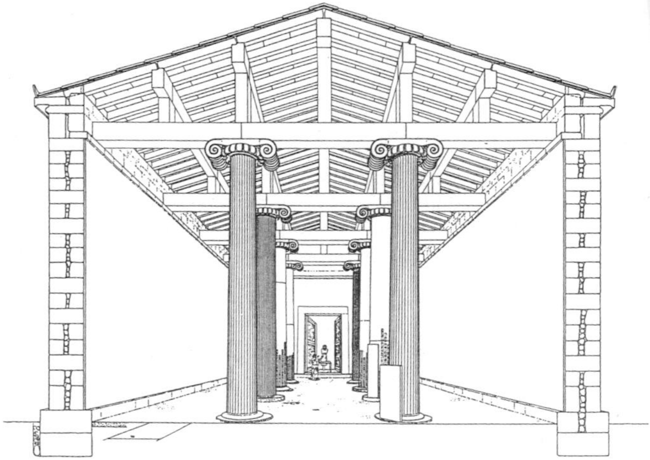

41. Coupe restituée sur le temple IV d'Iria à Naxos (deuxième quart du VIe siècle).

vés aux parties hautes ou aux angles ; architrave sans fasces ni denticules. Enfin, de fines poutres en marbre composent une charpente à empilement qui laisse visible la couverture débitée à la scie dans le même matériau, bien que son poids très élevé augmentât le risque de rupture des chevrons. Mais la vitalité des Naxiens se remarque encore mieux dans leur propre île ; là, à 3 km au sud de la cité, a été récemment dégagée dans le sanctuaire d'Iria une étonnante succession d'édifices. Une occupation mycénienne étant attestée, sur un petit *oikos* en briques crues du début du VIIIe siècle a été édifié dans le courant du même siècle un bâtiment plus ample à quatre nefs, soit un plan inhabituel ; lui a succédé au début du VIIe siècle un édifice à trois nefs et foyer intérieur, puis fut érigé à partir de 575 un grand temple attribué à Dionysos, encore à trois nefs, mais avec *pronaos* ionique et *adyton*. Les battants de la porte sont articulés sur des charnières latérales en bois, un procédé que l'on retrouve dans plusieurs autres constructions cycladiques. La forme très allongée du chapiteau, à canaux convexes comme tous ceux de cette époque, rappelle bien celui qui supportait le sphinx offert par les mêmes Naxiens à Delphes **[fig. 41-42]**, sur une haute colonne (p. 47). Toujours à Naxos, où apparaît vers le milieu du VIe siècle la gradine, ce ciseau à dents qui va devenir omniprésent sur les chantiers, le temple de Déméter à Sangri, de plan barlong, était lui aussi pourvu, au troisième quart du VIe siècle, d'une charpente de marbre associée à un plafond, le premier du genre en Grèce, fait de poutrelles soutenant de fines plaques de marbre. L'emploi massif de ce matériau préfigure celui que nous verrons au Ve siècle sur l'Acropole d'Athènes, où, auparavant, le marbre des îles fut largement importé. Alors que tous ces édifices, sans être modestes, n'étaient pas de dimensions très imposantes et avaient des plans simples, on attribue au tyran Lygdamis de Naxos la mise en route vers 530 d'un vaste temple d'Apollon, à *pronaos* et opisthodome : de cet ambitieux projet resté inachevé témoignent les cadres monolithes d'une porte ionique à trois fasces, toujours debout sur la petite presqu'île de Palati dans le port de Naxos, avec ses tenons de levage non ravalés. Également visible sur d'autres sites

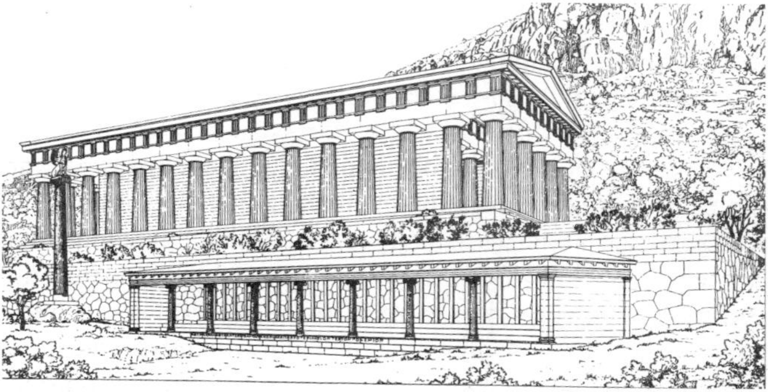

42. Perspective restituée du temple d'Apollon à Delphes (vers 510), sur sa terrasse en appareil polygonal à joints courbes ; au premier plan, la colonne du sphinx des Naxiens (vers 570) et le portique des Athéniens (vers 478-470).

43. Vue perspective restituée du trésor de Siphnos à Delphes (vers 525).

archaïques, la technique de l'évidement en L à l'arrière des pierres vise à les alléger pour en faciliter le transport. Même si les dimensions de ce temple (24,32 x 55,17 m) ne représentent que la moitié de celles du diptère de Polycrate à Samos **[fig. 51]**, il faut sans doute voir dans la double rangée de colonnes sur les façades avant et arrière le désir d'imiter les énormes constructions samiennes. Et l'idée n'était pas isolée, puisque les restes d'autres grands temples ont été retrouvés à Paros, l'île voisine.

Le marbre de Paros, beaucoup plus fin que celui de Naxos et légèrement translucide, servira aussi pour la façade, les frontons et la couverture du temple d'Apollon à Delphes **[fig. 42]**, financé par la riche famille athénienne des Alcméonides, contrainte à l'exil par les derniers tyrans, entre 514 et 506. On a même calculé que le transport de ce marbre rare et lointain revenait à doubler le coût de la construction à Delphes. Déjà auparavant, il avait composé l'exubérant décor d'un des ouvrages les plus étonnants que l'Antiquité grecque nous ait légués, le petit trésor ionique (6,04 x 8,41 m à la base des murs) offert vers 525 – si l'on suit Hérodote – à l'Apollon de Delphes par les habitants de l'île de Siphnos, désireux d'afficher une aisance tirée de mines d'or et d'argent. Ils le firent sans gêne, avec de grasses moulures à tous les niveaux, une large frise continue à reliefs, deux frontons bien remplis et surmontés d'acrotères figurés, sans oublier deux caryatides souriantes en guise de colonnes *in antis* à l'entrée **[fig. 43]**. Originaire du Proche-Orient, le support anthropomorphe n'était pas tout à fait nouveau à Delphes, où est conservée une paire de caryatides qui fut longtemps attribuée au trésor de Cnide, bâti vers 530 en marbre insulaire, comme un autre trésor ionique de Delphes : celui dit de Marseille, rapporté à la fin du VIe siècle, se distingue par des colonnes qui évoquent l'Asie Mineure et des origines phocéennes, car ses bases sont à double scotie et ses chapiteaux éoliques s'épanouissent en corolles de palmes. De son côté, le trésor de Siphnos présente bien des traits caractéristiques des ateliers insulaires, à commencer par le cadre de porte monolithe avec vantaux tournant sur des charnières en bois, et une corniche moulurée indépendante, encadrée par des consoles.

Mais si le chapiteau ionique apparaît dans les Cyclades dès la fin du VIIe siècle, sur des colonnes votives comme celles trouvées à Sangri de Naxos **[fig. 44]**, et s'il y est aussi

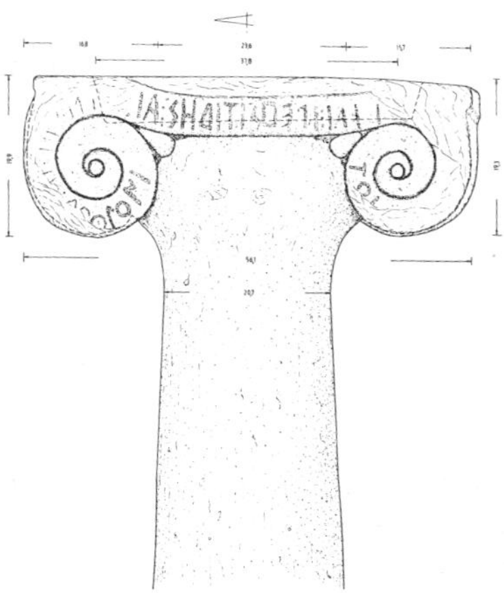

44. Le plus ancien chapiteau ionique connu, à Sangri de Naxos (fin du VIIe siècle).

très employé dans sa forme architectonique, l'ordre dorique semble néanmoins avoir été à la mode dans les îles vers la fin du VIe et jusqu'au IVe siècle. Alors que vers 500, l'Héraion II de Délos, un temple distyle *in antis* sans *crépis*, combine une corniche ionique avec une frise dorique en façade seulement, le canon dorique est parfaitement dominé dans le petit temple, également distyle *in antis*, dédié à Artémis au Délion de Paros, face à un autel en forme de *pi*. Daté vers 480 grâce à son décor sculpté, il était en marbre local bien taillé, à l'exception de la charpente, cette fois en bois, et avait été édifié sur la base du pied cycladique valant environ 29,4 cm.

Parmi les œuvres doriques les plus réussies de ces ateliers insulaires, on peut aussi ranger le deuxième temple d'Aphaia élevé vers 500 à Égine **[fig. 45-46]**, d'après la date accordée à son abondant décor sculpté, qui a connu deux états successifs. C'est un périptère de 6 x 12 colonnes pour 13,77 x 28,81 m au stylobate, soit un plan plus

45. Façade du deuxième temple d'Aphaia à Égine (vers 500).

46. Vue sur la double colonnade intérieure du temple d'Aphaia à Égine (vers 500).

ramassé que ceux que nous avons vus jusqu'à présent et qui se justifie par l'exiguïté de la terrasse ; on accédait donc par une petite rampe au *pronaos*, nettement plus profond que l'opisthodome. Très précisément calibrés et dressés, les nombreux blocs visibles sur place ont de quoi attirer l'attention des amateurs de techniques antiques : l'usage de la louve s'y remarque à côté de larges canaux en U sur les faces de joints latérales, qui doivent empêcher les cordes de glisser pendant les opérations de levage. Cette méthode, typique de la période archaïque, disparaîtra ensuite, supplantée par la louve, mais on continuera à simplement nouer des cordes autour des parpaings pour les soulever par le centre. Les scellements horizontaux associent deux modèles assez datés : à côté de crampons en double T, que nous retrouverons dans les édifices classiques, certaines pierres portent des crampons en double *gamma*, un type archaïque qui ne persistera pas après le milieu du

47. Le trésor des Athéniens à Delphes, vu en montant la Voie sacrée (vers 500-480).

Ve siècle, car il résiste moins bien aux poussées. Mais s'il n'y a là rien de vraiment original, ce temple en fin *poros* stuqué se distinguait par la présence de jours en haut des murs isodomes de la *cella*, et l'alternance des joints était respectée depuis les trois degrés de la *crépis*, pour la première fois. La bordure du toit était en marbre de Paros peint, alors que le reste des tuiles et les faîtières étaient en terre cuite, une combinaison économique également employée ailleurs, car avec les frais de transport et de taille un toit en marbre pouvait coûter jusqu'à dix fois plus cher qu'un toit en terre cuite. La lourde charpente était soutenue par une double colonnade intérieure à deux niveaux, un procédé qui sera intégré dans le canon dorique. Et l'on n'avait pas lésiné sur la polychromie, qui recourait à l'ocre rouge, au bleu égyptien, au rouge cinabre, au vert malachite et au noir végétal... Les proportions des chapiteaux et des colonnes, très faiblement galbées et plutôt sveltes pour l'époque (le diamètre inférieur est contenu 5,3 fois dans la hauteur), peuvent concorder avec l'emploi du pied cycladique – si toutefois c'est bien cette unité qui a été utilisée, un délicat problème encore discuté par les spécialistes, comme bien d'autres questions métrologiques.

C'est toujours à un atelier insulaire, travaillant le marbre de Paros sur la base du pied cycladique, qu'est désormais attribué l'illustre trésor des Athéniens à Delphes, petit édifice dorique distyle *in antis* remonté au début de notre siècle **[fig. 47]**, à l'exception de sa toiture, probablement aussi en marbre. Alors que plusieurs trésors doriques en *poros* ont été construits à Delphes dans le courant du VIe siècle, avec des détails encore bien archaïques (profil vertical du larmier, alternance de mutules courtes et longues), le trésor des Athéniens porte un décor sculpté d'inspiration assurément attique, qui avait fait avancer une datation juste après 490, en commémoration de la bataille de Marathon. Mais cette date a été récemment remise en question, car le bâtiment présente un décor peint semblable à celui du temple d'Aphaia à Égine, ainsi que des traits non conventionnels et non canoniques : absence d'assise de réglage, *crépis* différente en façade et sur les côtés, antes à mouluration ionique, cinq gouttes à la *regula,* triglyphes non axés sur les colonnes, toutes « irrégularités » qui pourraient faire préférer le tournant des années 500, au moins pour l'élévation jusqu'à l'architrave, la construction ne s'achevant réellement que dans les années 490-480.

Mais avant d'édifier ce trésor, les Athéniens s'étaient surtout consacrés à l'aménagement de leur Acropole. Sur ce rocher qui constituait une défense naturelle, un long rempart cyclopéen avait été monté au XIIIe siècle, mais à l'intérieur les constructions et bouleversements postérieurs ont effacé tout vestige d'un hypothétique « palais mycénien ». Le site se contenta longtemps d'être le siège d'une garnison militaire ; les habitations, en petit nombre, étaient dispersées sur les pentes et principalement au sud de la citadelle. Les structures religieuses les plus anciennes de

48. Plan de l'Acropole d'Athènes au début du Ve siècle, avec le Vieux temple (1), le Pré-Parthénon (2) et les premiers Propylées (3).

l'Acropole demeurent très mal connues et la datation des fragments conservés de leurs toits est incertaine. C'est sans doute déjà vers 580-570 que fut dédié à Athéna un « *héca-tompédon* » périptère hexastyle, orné de grandes sculptures polychromes aux frontons ; il était en *poros* à l'exception de métopes et d'une *sima* en marbre de l'Hymette. Si son emplacement fut longtemps discuté, on pense aujourd'hui qu'il doit correspondre à celui du Parthénon périclèen. Au courant du VIe siècle sont également assignés plusieurs bâtiments secondaires en *poros* dont nous ne connaissons que les frontons (fronton de l'olivier, de l'hydre, fronton rouge) et/ou les toits, en terre cuite comme en marbre ; à côté se dressaient d'impressionnantes colonnes votives.

Par la suite, le tyran Pisistrate puis ses fils mirent deux grands temples en chantier, respectivement en bas et au sommet de l'Acropole : d'une part, sur le site de l'actuel Olympieion, un énorme diptère hypèthre (le seul de Grèce continentale), à trois rangées de colonnes – doriques, d'après la contraction angulaire – sur les façades octastyles, qui a succédé à un petit périptère également octastyle remontant aux années 590-560 ; d'autre part, un nouveau périptère de 6 x 12 colonnes doriques dédié à Athéna, dit le « Vieux temple » dans les inscriptions, dont les fondations, avec un plan large et court distribuant plusieurs pièces, sont encore visibles au sud de l'Érechtheion. Si l'ensemble était en *poros*, le marbre des îles avait été amplement mis en œuvre pour les corniches, le décor sculpté, les chéneaux et les tuiles. Toutefois, le style des palmettes de la *sima* et des sculptures, ainsi que la symbolique de ces dernières, laissent supposer, au moins pour l'achèvement du Vieux temple, une datation quelque peu postérieure à la chute des Pisistratides, soit après 510. En tout cas, les mesures du premier Olympieion et celles de ces deux temples pisistratiques coïncident avec le pied attico-cycladique valant environ 29,40 cm, comme nous le verrons encore au Pré-Parthénon et au Parthénon.

L'instauration de la démocratie entraîna l'arrêt des travaux au grand temple de Zeus Olympien. De toute façon, après l'époque archaïque on cessa d'une manière générale de concevoir de nouveaux grands diptères, symboles des tyrans, tout au plus leur reconstruction fut-elle envisagée. Mais en contrepartie un Pré-Parthénon fut commencé vers 500 sur l'Acropole, en deux phases (*poros* d'abord, puis, après un léger changement de plan, marbre du mont Pentélique), et en même temps, après la victoire de Marathon en 490, on remplaça la vieille entrée mycénienne par des Propylées monumentaux (dits « Ancien *propylon* ») qui voisinent avec d'autres nouveaux bâtiments, dont le petit prédécesseur du temple d'Athéna Niké. Sur l'emplacement de l'*hécatompédon* archaïque, les fondations et le socle du Pré-Parthénon **[fig. 48]** ont été réutilisés par son successeur, de sorte que nous connaissons ses dimensions : 23,5 x 66,9 m, et son plan plutôt archaïsant, avec une *péristasis* de 6 x 16 colonnes autour d'une longue *cella* à trois nefs suivie d'une pièce à quatre colonnes – de quoi songer à la disposition du deuxième temple d'Apollon à Corinthe, mais cette fois le *pronaos* et l'opisthodome sont réduits à des colonnades prostyles.

Alors que les colonnes du Pré-Parthénon étaient montées jusqu'aux deuxièmes ou troisièmes tambours, l'incendie de l'Acropole par les Perses, en 480, mit fin à un chantier qui paraît de toute façon avoir été laissé en suspens dès 485 par le démocrate Thémistocle, soucieux de donner la priorité à la flotte et au renforcement des défenses. Cette tendance s'accentuera après la bataille de Platées en 479, les vainqueurs ayant juré de ne pas reconstruire les temples incendiés avant la victoire finale.

L'urbanisation, l'architecture civile et l'architecture domestique

Dans le passage de l'époque géométrique à l'âge archaïque, les maisons absidales ou ovales monocellulaires disparaissent peu à peu, sauf dans des zones reculées à habitat dispersé (Vitsa en Épire), et même dans ce type d'agglomération, qui tend aussi à disparaître, le plan quadrangulaire est manifestement privilégié. Il facilite l'agglutination, mais l'arrangement de ces bâtisses en rangées régulières est encore exceptionnel (Vroulia de Rhodes). La maison à plusieurs pièces accolées est désormais la plus courante, de préférence autour d'une cour (Delphes, Thasos), qui peut être bordée au nord par une salle allongée ou par un portique : c'est ce qu'on appelle le type à *pastas* (Corinthe, Égine). Longtemps restées multifonctionnelles, les pièces tendent à se spécialiser. Les étages et des fenêtres – ou plutôt des jours, haut placés – sont connus par des modèles en terre cuite, qui nous informent aussi de l'existence de maisons-tours ; comme autrefois, les toits peuvent être en terrasse ou à double pente, avec des tuiles à partir du VIe siècle. Les matériaux demeurent modestes : facile à produire, la brique crue est partout, et le restera jusqu'au Ve siècle.

Les conflits entre cités provoquent des réflexes défensifs : certaines érigent des murailles, qui doivent aussi symboliser l'autonomie et être ostentatoires (Érétrie, Thasos vers 500). Adaptées aux besoins particuliers, elles sont de forme simple, d'étendue et de plan très divers, conditionnés par la situation géomorphologique, les rares tours étant situées près des points faibles que sont les portes. Un peu moins mal conservée que d'autres, l'enceinte d'Éleusis permet de se faire une idée de la structure de ce genre de murs, dans le courant du VIe siècle : sur un socle en calcaire haut de 1 à 2 m ont été superposées des briques crues larges de 45 à 46 cm, pour 8 à 9 cm de hauteur **[fig. 19]**.

Même si elles ménagent des étendues vides, les fortifications entourent un tissu urbain de plus en plus dense, où l'on cherche à distinguer des zones réservées d'une part à l'habitat et aux tombes, d'autre part aux sanctuaires et à l'*agora*, lieu des délibérations publiques de la *polis*. C'est aux VIIe et VIe siècles que ces espaces sacrés ou publics vont s'étendre au détriment des maisons d'habitation (Delphes) et que les tombes sont repoussées, vers la fin du VIe siècle (Athènes, Argos), en dehors ou à la limite des murailles. Les cimetières sont désormais une fois pour toutes éloignés, à l'exception de quelques tombes très anciennes de héros ou de rois fondateurs, devenus mythiques, qui serviront de ferment à la cité : à Athènes, ce sont les tombeaux d'Érechthée et de Cécrops ; à Argos, ce sera l'*hérôon* des Sept contre Thèbes.

Mais pour cette époque seul le cas de l'*agora* d'Athènes est bien connu. Dans la ville basse, son emplacement est encombré et bordé de tombes, de maisons qui descendent les pentes de l'Acropole et d'installations artisanales avec leurs puits, surtout sur son côté ouest, jusqu'au troisième quart du VIe siècle compris. Une voie sacrée traverse obli-

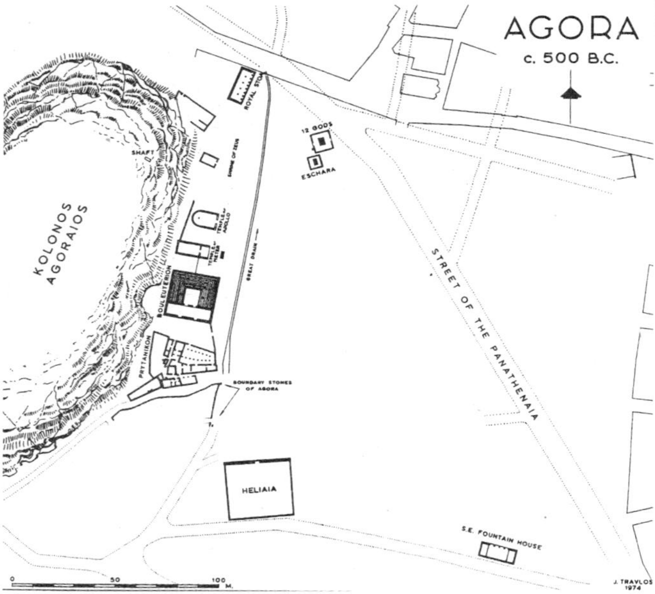

49. Plan de l'*agora* d'Athènes au début du Ve siècle.

quement tout le secteur en direction d'Éleusis ; à partir de 566 elle est empruntée par la procession des Grandes Panathénées. C'est sous la tyrannie de Pisistrate (561-528), pour lequel s'élevait peut-être ici une grande demeure avec des salles de banquets (bâtiments C-D-F), que l'espace du domaine public s'est étendu ; on construisit alors la fontaine sud-est – un exemple parmi d'autres de ces aménagements hydrauliques chers aux tyrans, pour se concilier le peuple –, puis ses fils, les Pisistratides, se chargèrent de l'autel des Douze Dieux. Vers 500, peu après l'instauration de la démocratie, des changements majeurs eurent lieu dans la zone au nord-ouest de l'Acropole, au pied de la petite colline dite *Kolonos Agoraios* **[fig. 49]**, où les bâtiments privés font place à trois petits temples (de Zeus, d'Apollon, de Métèr) et à l'Ancien *bouleutérion*, cette salle du Conseil carrée pourvue de sièges rectilinéaires sur trois côtés, cependant que le porche de façade était fermé par des grilles entre les colonnes doriques. En même temps est édifiée la petite *Stoa Basileios* à deux nefs, destinée à l'archonte-roi, et pour mieux accueillir l'Assemblée du peuple est aménagée un peu plus loin la colline de la Pnyx. Il est alors incontestable qu'existe bien à Athènes, délimitée par des bornes, une *agora* comme lieu de rassemblement, avec des fonctions religieuse, politique, administrative et commerciale, cette dernière étant attestée au moins depuis le VIe siècle, sur son pourtour.

L'Asie Mineure

En avance dans les domaines économique, politique et culturel, la côte ouest de l'Asie Mineure a continué de développer une architecture originale. Non seulement l'ordre ionique y connaît une évolution distincte de celle de l'ionique cycladique, mais c'est là que s'élevèrent dès le VIIe siècle les temples les plus monumentaux, à l'Ancienne Smyrne, à Samos, à Éphèse.

Sur le site de l'Ancienne Smyrne, l'actuelle Bayrakli, un lieu de culte existait dès la fin du VIIIe siècle, avec une rampe processionnelle. Deux petits temples de forme simple ont ensuite été érigés, respectivement vers 690 et 630 ; le deuxième était peut-être déjà périptère, avec des colonnes en bois et un *adyton.* Les travaux de terrassement ont continué jusqu'à la construction du troisième temple, dédié à Athéna, à partir de 610. Celui-ci, qui n'était pas terminé lorsqu'il fut détruit vers 600 par Alyatte, le roi des Lydiens, avait des murs et des colonnes en tuf, surmontées de chapiteaux « en champignon » à feuilles pendantes, un motif déjà connu dans le mobilier hittite ou moyen-oriental ; le plus étonnant est que ces «champignons» semblent avoir été couronnés par d'autres chapiteaux du type « éolique », c'est-à-dire à volutes verticales. Toutefois, les notables différences de diamètre des dix-sept chapiteaux

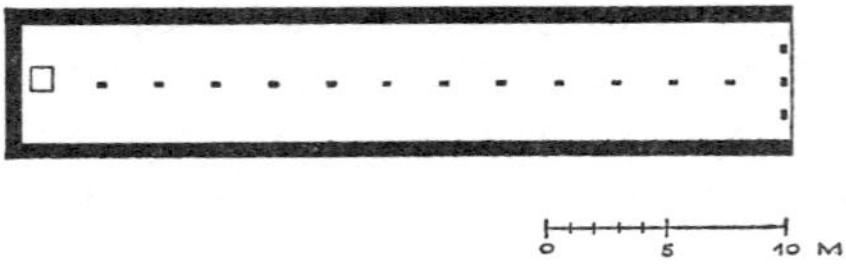

50. Plan de l'*hécatompédon* I de Samos (début du VIIIe siècle).

en champignon font aussi envisager leur utilisation sur une série de colonnes votives, qui se seraient dressées devant le temple.

Un nombre élevé de chapiteaux éoliques, datables de la première moitié du VIe siècle et au-delà, a été trouvé dans cette zone de l'Asie Mineure, en particulier à Larissa, à Mytilène et à Néandria **[fig. 14]**. D'où cette théorie des archéologues turcs : le chapiteau ionique, à volutes horizontales, aurait été créé dans cette région par combinaison d'éléments préexistant dans les chapiteaux à volutes verticales de l'Ancienne Smyrne. Mais nous sommes plutôt frappés par la grande diversité des chapiteaux éoliques et des plus anciens exemplaires ioniques connus en Asie Mineure, ainsi que par la date haute assignée aux chapiteaux ioniques dans les Cyclades, où ont également été découverts quelques modèles à couronne de feuilles et surtout à volutes verticales, qui ont tous un rôle votif ; d'un point de vue formel et stylistique, ces derniers sont bien plus proches des chapiteaux ioniques insulaires que des chapiteaux éoliques de la Grèce de l'Est. C'est donc le sentiment d'une évolution séparée dans les deux régions qui prédomine, même si les points de départ doivent probablement être, dans les deux cas, de simples motifs décoratifs déjà exprimés dans le bois et le bronze, par exemple.

Dans le sanctuaire extra-urbain d'Héra à Samos, le premier temple de la déesse, datable du début du VIIIe siècle et dénommé «*hécatompédon*» bien que sa longueur ne soit pas assurée (30 m environ), était composé d'une étroite *cella* à treize supports dans l'axe. Contrairement à ce qu'on a longtemps cru en interprétant mal les anciennes fouilles, cet état I n'a sans doute jamais reçu une *péristasis* **[fig. 50]**, ni même, semble-t-il, l'état II, situé vers le milieu du VIIe siècle, lorsqu'une reconstruction vint supprimer les supports médians, repoussés vers les murs. Assurément, ce sont les problèmes posés par la charpente et la couverture d'un grand bâtiment qui ont entraîné, dans les temples les plus archaïques, le choix du plan étroit et allongé, avec une colonnade axiale, mais la statue de culte reléguée dans le fond était alors dissimulée ; l'ensemble paraissant mal proportionné, les constructeurs ont dû vouloir remédier à ces inconvénients, au fur et à mesure qu'ils maîtrisaient mieux leurs pratiques. Voisin d'une longue *stoa* et de quelques chapelles, cet « *hécatompédon* II » a précédé le grand temple (52 x 105 m) élevé sur une *crépis* à deux degrés entre 575 et 560, et qui est le prototype des diptères ioniques. Si l'on considère le nombre des tuiles corinthiennes retrouvées, la construction, attribuée à l'architecte samien Rhoikos, dut être menée à son terme, bien que les 104 colonnes du péristyle, qui semblent avoir été fabriquées à l'aide d'une sorte de tour, n'aient pas toutes été cannelées. Un autel monumental en *pi*, avec de beaux chapiteaux d'ante à grosses volutes superposées, sous une moulure d'oves, faisait partie du même programme. Bâti sur des fondations insuffisantes dans un terrain mouvant, ce temple n'a pas tardé à s'écrouler, cédant la place, 42 m plus loin, à un diptère encore plus ample (55,16 x 112,20 m au stylobate), que le style de ses ornements invite à placer dans les dernières décennies du VIe siècle : il a donc pu être commandité par le tyran Polycrate, au pouvoir entre 538 et 522 **[fig. 51]**. Tout en remployant une partie des éléments du temple de Rhoikos dans ses fondations, cet édifice le surpassait par une troisième travée sur les façades avant et arrière, celles-ci alignant respectivement 8 et 9 colonnes, car l'entraxe médian de la façade principale était élargi. Avec 24 colonnes sur les longs côtés, où suivant l'habitude archaïque l'entraxe était un peu plus serré, on aboutissait à un total de 155 colonnes, de plusieurs types.

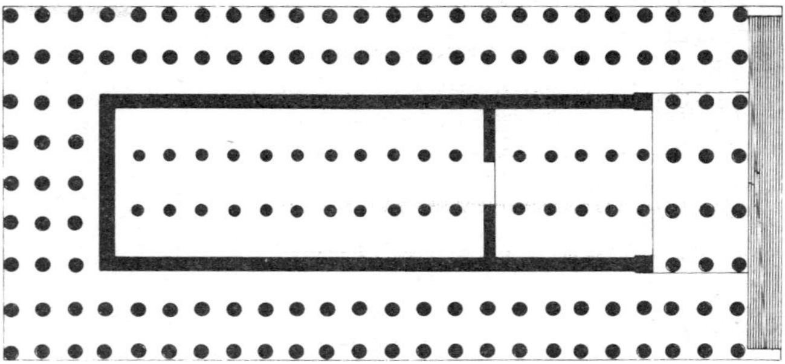

51. Plan du diptère de Polycrate à Samos (dernier tiers du VIe siècle).

En effet, celles de la *péristasis* extérieure – les seules en marbre, alors que toute la construction était en *poros* – se dressaient sur des bases dites « samiennes », où un disque supportait un gros tore, tous deux creusés de fines cannelures horizontales ; au sommet des fûts non cannelés, une large bande de palmettes et de fleurs de lotus sur des motifs en S mettait en valeur un chapiteau dont les balustres reprenaient le même motif. Les fûts de la *péristasis* intérieure étaient semblables mais plus fins, avec un simple chapiteau à couronne d'oves sous un abaque, que l'on retrouvait sur les colonnes de la *cella*, celles-ci étant toutefois encore plus fines et cannelées. Ces deux diptères samiens successifs n'étaient pas hypèthres, contrairement à leurs homologues d'Éphèse **[fig. 31]** et de Didymes, mais celui de Polycrate est resté inachevé, comme toute une série d'entreprises colossales du même genre : en témoignent des parties mal finies et l'absence de dallage dans la galerie de la *péristasis*. Il reçut un toit provisoire pour abriter la statue de culte, et c'est ainsi qu'Hérodote le vit en 460, quand il déclara que c'était le plus grand de Grèce. Les travaux y reprirent à l'époque impériale, pour ajouter un escalier sur la façade d'entrée et transformer l'intérieur en pinacothèque, donc en faire une sorte de musée, deux idées très romaines.

L'activité était vraiment intense dans le sanctuaire de Samos au milieu du VIe siècle et dans les décennies qui suivirent, puisqu'on y édifia plusieurs autres temples, à côté de nombreuses offrandes monumentales. L'Édifice nord, le plus vaste après les diptères, était à l'origine un prostyle tristyle, à deux nefs dans la petite *cella* et le *pronaos* profond, orné d'une frise ionique ; il fut augmenté vers 525-510 d'une galerie périptère avec deux rangées de colonnes à l'avant et à l'arrière, formant une sorte de modèle réduit du diptère polycratéen. Le « temple C » (qui était sans doute un trésor) et surtout l'Édifice sud semblent s'être plus ou moins inspirés de l'Édifice nord.

Toujours au VIe siècle, Samos était aussi renommée, selon Hérodote, grâce à deux autres ouvrages insignes : le môle d'une longueur de 2 stades, qui fermait le port, et surtout le tunnel maçonné et voûté conçu par Eupalinos, un architecte de Mégare. Haut et large de 8 pieds, creusé d'une tranchée qui contenait une canalisation de terre cuite, il traversait une colline sur une longueur de 1 040 m, la ventilation étant assurée par des puits verticaux. L'eau aboutissait à une fontaine et de là était distribuée dans la ville. L'ambition du programme rappelle celui mis en place à Athènes sous la tyrannie de Pisistrate, et confirme l'intérêt des tyrans pour les installations hydrauliques, afin de contribuer au bien-être des habitants.

Dans le sanctuaire d'Artémis à Éphèse, vers la fin du VIIe siècle ou au commencement du VIe, avait débuté la construction du temple C et d'un « *hécatompédon* » qui restent mal connus. Ils présentent de toute façon moins d'intérêt que l'immense diptère élevé par les Lydiens dans le courant du VIe siècle, incendié puis vite reconstruit au IVe siècle : ses dimensions (59,93 x 119,60 m à la *crépis*) et son décor fastueux lui valurent d'être classé parmi les Sept Merveilles du monde. Les auteurs anciens et des dédicaces gravées sur des fragments de fûts nous apprennent que Crésus, le riche roi des Lydiens, offrit plusieurs colonnes du temple, vraisemblablement peu après s'être emparé d'Éphèse, en 560. Au total, on s'activa pendant cent vingt ans au moins sur ce chantier.

Orienté à l'ouest (peut-être pour des raisons astronomiques), ce temple octastyle en façade, avec vingt et une colonnes sur les longs côtés, était assis sur un terrain

52. Vue perspective restituée de l'entrée de l'Artémision archaïque d'Éphèse, avec des socles à reliefs en bas des colonnes et des tambours sculptés en haut (VIe siècle).

instable qui avait nécessité l'ajout de charbon de bois et de peaux de mouton sous les fondations, une idée de Théodoros, le fils de l'architecte Rhoikos actif à Samos. Mais les principaux architectes de l'Artémision archaïque furent Chersiphron de Cnossos et son fils Métagénès, qui rédigèrent un traité afin d'exposer leur invention d'un nouveau moyen de transport pour les tambours de colonnes et les architraves, particulièrement lourdes (voir p. 10). Les murs en marbre local atteignaient 46,69 m de longueur pour une largeur de 21,15 m, et le *pronaos* menait à une *cella* hypèthre où trônait un *naïskos* qui abritait la statue de culte. Alors que les longs chéneaux figurés n'ont guère été imités, c'est ici que furent utilisés pour la première fois un modèle de chapiteau ionique très allongé et des bases de colonnes désormais dites « éphésiennes », car faites d'un tore à fines cannelures horizontales au-dessus d'un gros disque, où deux scoties sont encadrées par des paires d'astragales **[fig. 12]**. Mais la plus grande originalité du temple résidait dans ses colonnes hautes de près de 19 m, pour un diamètre à la base d'environ 1,70 m **[fig. 52]** : certains de leurs tambours étaient sculptés de bas-reliefs, un décor impressionnant appelé «colonnes ciselées» par Pline l'Ancien. Des tambours de ce type sont attestés à Didymes et au temple hellénistique d'Apollon Smintheus, à Chrysé de Troade : puisque les amortissements des cannelures sont visibles dans leur zone inférieure, il est assuré qu'ils se plaçaient en haut des colonnes, comme les frises à palmettes vues à Samos, et il en allait sans doute de même à l'Artémision d'Éphèse, alors que les nombreuses restitutions de cet édifice fort mal conservé les situent habituellement en bas des fûts.

Vers 700, dans le sanctuaire oraculaire d'Apollon à Didymes, non loin de Milet, il n'y avait qu'un enclos autour d'une source sacrée, qui sera ensuite mise à l'abri, avec la statue de culte, dans la petite chapelle édifiée au sein de la grande cour du temple diptère construit vers 550, après de grands travaux de terrassement, en face d'un monument rond à deux portes qui était peut-être l'antique autel du lieu. Le Didymeion archaïque, dont le plan reste visible à travers celui de la période hellénistique **[fig. 92]**, mesurait 38,39 x 85,15 m et présentait 21 colonnes sur les longs côtés, 9 sur la façade ouest et seulement 8 à l'est, pour magnifier l'entrée comme à Samos ; les fûts, creusés de 36 cannelures, possédaient des bases et des chapiteaux de type « éphésien ». Au-dessus de l'architrave, il semble qu'il n'y ait point eu de denticules ni de tympans, mais le décor de la frise devait accrocher le regard, avec ses lions couchés tournés vers l'angle, protégé par deux gorgones superposées.

Dans le même secteur, il vaut la peine de s'attarder devant l'*oikos* d'un petit sanctuaire familial situé sur la voie sacrée Didymes-Milet, car les tuiles de son toit font alterner les couleurs rouge, noir, crème, le chiffre 24 ayant servi de module pour sa confection. Le système de couverture utilisé est celui que l'on dénomme « hybride » ou « mixte » ; bien connu en Éolide, il associe des tuiles corinthiennes à des couvre-joints laconiens.

Enfin, dans cette terre d'Ionie où il était étranger, l'ordre dorique n'était pas totalement ignoré, si l'on en juge d'après le temple élevé à Athéna sur l'acropole d'Assos en Troade, entre 560 et 525, suivant la technique et la thématique du décor. Ce périptère de 6 x 13 colonnes doriques, qui mesurait 14,03 x 30,31 m au stylobate, avec une grande *cella* précédée d'un *pronaos* distyle *in antis*, était orné d'une longue frise figurée sur l'architrave, sous des métopes à reliefs et des triglyphes à *regulae* sans gouttes. Que ce soit en pierre, comme ici en andésite, ou sur de hautes plaques de *sima* en terre cuite, l'Asie Mineure s'est plu à développer le système des frises figurées, emprunté à la Lydie et à la Phrygie.

Parmi les villes ioniennes les plus importantes de l'époque archaïque, nous n'aurons garde d'oublier Phocée :

tout en élevant un temple à Athéna, elle avait choisi de s'entourer d'une muraille avec contre-mur dès la première moitié du VIe siècle, confortant ainsi l'impression que l'Asie Mineure avait opté pour de larges défenses avant la Grèce continentale. Surtout, Phocée a essaimé en Occident, dans plusieurs colonies où sera conservée l'empreinte ionienne.

Le monde colonial d'Occident

Dans le courant du VIIIe siècle furent fondées les premières colonies grecques en Italie du Sud, puis en Sicile. Dans un premier temps, alors que leurs besoins étaient axés sur la simple subsistance, les colons ne pouvaient se préoccuper de constructions monumentales ; il convenait avant tout de distribuer la terre cultivable avec équité, par lots où l'on édifia des maisons d'abord à une pièce quadrangulaire, qui n'occupaient pas toute la surface de la parcelle. Puis se fit sentir la nécessité de plusieurs pièces (c'est le cas à Mégara Hyblaea, aux VIIIe et VIIe siècles), enfin la maison à *pastas* devint, au VIe siècle, le type le plus commun. Les conditions particulières de création de ces villes nouvelles font que dès le départ ou presque y fut appliquée, pour garantir le fonctionnement de la vie communautaire, une implantation régulière de l'habitat par îlots, de sorte que le monde colonial a connu l'urbanisme prétendu « hippodaméen » (p. 137) bien avant son adoption dans la métropole, ainsi à Géla, à Casménai, à Sélinonte ou à Vélia. Chaque fois, les zones sacrées et civiques eurent leur place réservée dans le schéma orthogonal, sur une grande superficie : à Poséidonia-Paestum par exemple, elles occupent plus de 30 ha, soit environ 25 % de l'extension maximale de la cité.

C'est la menace toujours présente des indigènes d'alentour qui explique que lorsqu'ils en eurent les moyens et eurent appris à maîtriser le travail, au demeurant assez facile, des pierres locales, les colons donnèrent une telle importance à la construction de temples, parfois dans des

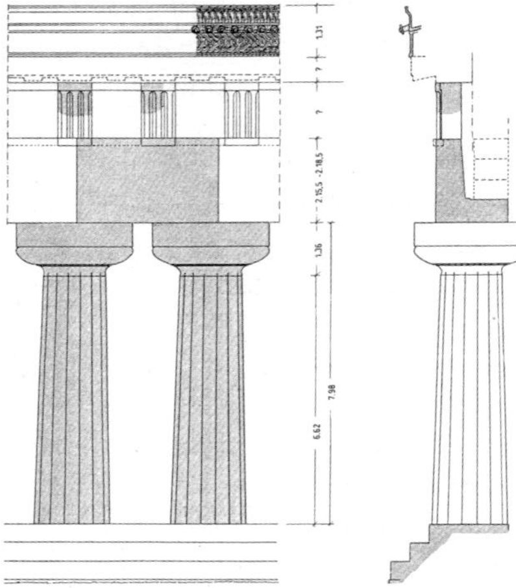

53. Ordonnance du temple d'Apollon à Syracuse (début du VIe siècle). L'architrave est évidée en L, la haute *sima* est percée de gargouilles tubulaires.

sanctuaires de confins, où ils devaient non seulement protéger la terre occupée mais aussi être la marque de la supériorité grecque. Grâce à quoi l'Italie du Sud (la *Magna Grecia*) et la Sicile nous offrent aujourd'hui une impressionnante collection d'édifices religieux, quelquefois bien préservés. Mais quand les colons s'installèrent, les ordres et les modèles étaient encore loin d'être constitués sur le continent. Les nouveaux venus se virent pour ainsi dire contraints de faire œuvre créatrice ; c'est pourquoi l'architecture coloniale présente quelques caractères spécifiques, qui ne consistent pas seulement en l'interpénétration d'éléments doriques et ioniques.

Parmi les plus anciens sanctuaires, on remarque celui d'Athéna près de Francavilla Marittima, dans la *chôra* de Sybaris, occupée par des Grecs d'Achaïe vers 730. Alors que des édifices à poteaux de bois y sont bâtis dès la fin du VIIIe siècle, le principal temple d'Athéna, toujours à poteaux de bois, est érigé vers 650 sur le plan du *mégaron*, à *pronaos* ouvert au sud ; il est reconstruit vers 600 avec un *adyton*, des murs en briques crues sur socle de pierres et les parties hautes ornées d'un revêtement en terre cuite. Après ce temple et celui de Locres-Marasà I, couvert de terres cuites qui se superposent des murs jusqu'au toit, la pétrification est rapide, comme en témoigne le lourd temple d'Apollon élevé vers 580 à Syracuse **[fig. 53]**, colonie de Corinthe, apparemment le premier périptère occidental construit en pierre, avec des colonnes à seize cannelures (un chiffre fréquent à cette époque) et des tuiles de rebord toujours en terre cuite polychrome. Dès le départ – soit la seconde moitié du VIIe siècle –, cette région privée de marbre se distingue donc par le recours à l'argile, affirmé dans la richesse et l'exubérance des terres cuites architectoniques, durablement utilisées pour protéger les ossatures de l'appareil des murs, les charpentes et les bordures de toit. Les couvertures sont alors laconiennes et corinthiennes, les frises de revêtement à reliefs sont continues, mais, avec la pétrification qui inclut la frise dorique, les terres cuites ne subsistent que pour les larmiers et les toits, joignant à leurs fonctions pratiques des qualités décoratives qui s'expriment aussi dans des gargouilles tubulaires ou léonines régulièrement espacées, avec une fausse

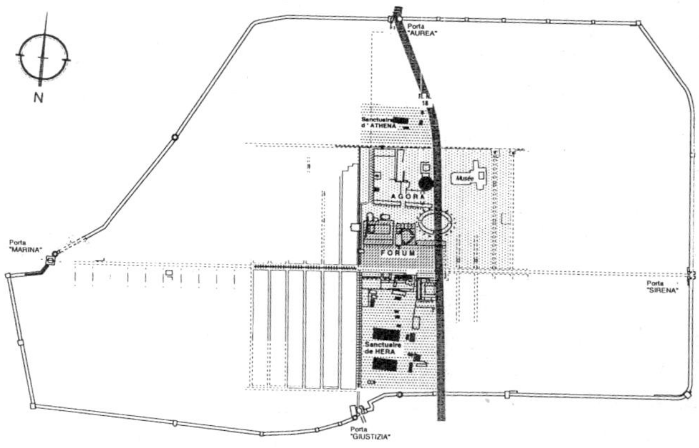

54. Plan des zones réservées de Poséidonia.

sima à baldaquin et de fausses antéfixes. Ces ateliers coloniaux n'ont pas hésité à exporter leur savoir-faire jusque dans les sanctuaires de Delphes et surtout d'Olympie, où les toits à rosettes, gorgones ou feuilles d'eau de plusieurs trésors archaïques leur reviennent.

Au sud de Naples, à Poséidonia (devenue en italique Paestum), les recherches récentes ont établi que le système urbanistique orthogonal, qui délimite des îlots allongés de 35 x 280 m pour l'habitat et trois zones réservées du nord au sud **[fig. 54]**, fut mis en place dans cette sous-colonie de Sybaris dès le milieu du VIe siècle, un phénomène également observable à Sélinonte, Métaponte, Locres. Dans la zone nord de Poséidonia, qui constitue le sanctuaire d'Athéna, un petit *oikos* en briques crues sur socle de pierres, daté vers 580-570 d'après les terres cuites de son toit, est le plus vieil édifice cultuel de la cité ; lui succédera, vers 500, un temple d'Athéna (anciennement dit « de Cérès ») pourvu d'un péristyle de 6 x 13 colonnes doriques **[fig. 57]**. Malgré l'absence d'opisthodome et l'introduction de certains ionismes, comme le *pronaos* profond

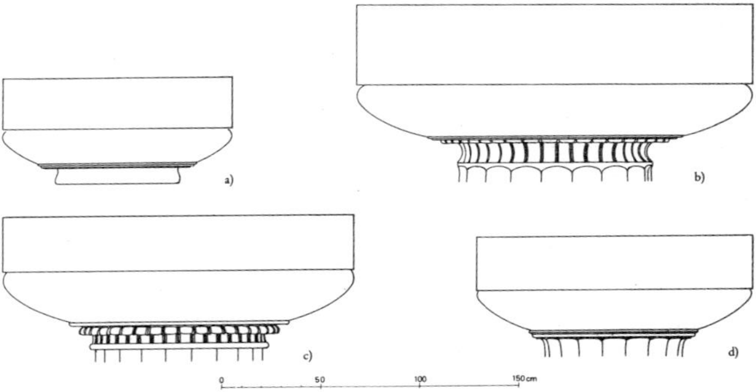

55. Profils comparés de chapiteaux doriques archaïques à Poséidonia :
a. premier temple de l'Héraion du Sélé (vers 550),
b. « Basilique » (540-520),
c. temple d'Athéna (vers 500),
d. deuxième temple de l'Héraion du Sélé (fin du VIe siècle).

dominé par une colonnade ionique et les moulures d'oves qui encadrent la frise, les rapports sont déjà classiques et les entraxes identiques. Plus au sud se trouve le grand espace (300 x 330 m, soit environ 10 ha) quadrangulaire de l'*agora*, entouré de rues ; outre des éléments de portiques, ses édifices majeurs et constitutifs – que l'on rencontre aussi sur d'autres *agoras* – sont un hypogée daté vers 520-510, qui serait le cénotaphe du héros fondateur de la cité, sous la forme d'un enclos rectangulaire renfermant un petit bâtiment en partie taillé dans le roc, et un monument public circulaire dont les gradins concentriques servirent aux réunions civiques à partir du deuxième quart du Ve siècle (d'après la céramique de la fouille), comme *ecclésiastérion* ou comme *bouleutérion*, selon le nombre de gradins acceptés pour la restitution. Enfin, la partie méridionale de l'espace réservé est occupée par le sanctuaire d'Héra, où règnent aujourd'hui deux temples anciennement dénommés « Basilique » et « temple de Neptune » ou « de Poséidon ». Construite par étapes entre 540 et 520, la Basilique ou premier temple d'Héra impressionne par le vaste espace de sa *péristasis* faite de 9 x 18 colonnes doriques, abritant une longue et profonde *cella* à colonnade axiale (comme dans d'autres *cellae* de Grande-Grèce : à Cirò pour le temple d'Apollon I, à Métaponte pour le temple B) qui aboutit à un *adyton*, cette salle fermée fréquemment rencontrée dans les temples d'Italie du Sud et de Sicile. En réalité, ce plan se révèle être le résultat d'au moins deux transformations du projet en cours de construction : on avait d'abord prévu un opisthodome avant d'opter pour l'*adyton*, et le niveau de la *cella* a été rehaussé. Sur la base d'un pied de 32,2 cm, le module semble être le diamètre inférieur de la colonne, soit 4,5 pieds, d'où un entraxe en façade de 9 pieds, les entraxes des longs côtés étant élargis. Les colonnes sont très fortement galbées et la richesse ionisante du décor est patente au niveau des chapiteaux en galette **[fig. 55, b]** (dont le gorgerin est creusé de feuilles d'eau recourbées et l'échine parfois sculptée d'une guirlande de lotus), de l'entablement ainsi que des terres cuites du toit, avec une *sima* à baldaquin sur de fausses gargouilles léonines **[fig. 56]**. Mais nous n'avons pas conservé le décor, peut-être peint, du fronton, dont la hauteur est remarquable. L'importance de l'espace laissé libre entre la *péristasis* et les murs de la *cella* est un trait particulièrement courant dans les temples archaïques de Grande-Grèce, et sa présence dans le temple d'Artémis à Corfou a été rattachée à la même sphère d'influence. Nous retrouverons ce trait à l'époque hellénistique dans les édifices baptisés pseudo-diptères par Vitruve.

Pour en finir avec la Poséidonia archaïque, il nous faut aussi parler de son territoire et plus spécialement du sanctuaire extra-urbain d'Héra près de l'embouchure du fleuve Sélé, qui forme la frontière à 8 km de la ville. Au début du VIe siècle, il y avait là un autel de cendres qui reçut une enveloppe monumentale à la fin du même siècle, quand fut construit un grand périptère (8 x 17 colonnes doriques) amplement décoré. Mais un premier temple d'Héra devait déjà exister dans le sanctuaire vers 550, date assignée à un important cycle de métopes dont certaines sont restées

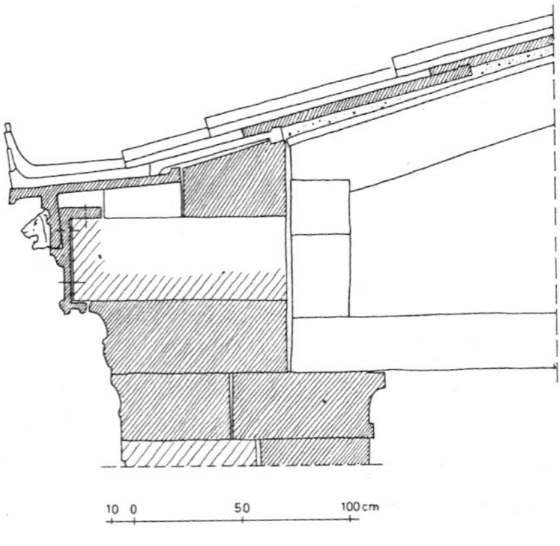

56. Coupe sur la bordure du toit du temple d'Héra I à Poséidonia, avec une *sima* à baldaquin (540-520).

57. Plan du temple d'Athéna à Poséidonia (vers 500) avec son autel dans l'axe, et vues restituées de la façade arrière et du *pronaos.*

inachevées ; c'est à cet édifice qu'aurait succédé, après le IVe siècle, un bâtiment prostyle tétrastyle, naguère considéré comme archaïque (pseudo-*thésauros*).

En Apulie, l'arrière-pays de Métaponte avait été assez tôt divisé en longues bandes parallèles cultivables où les colons achéens répartirent peu à peu des fermes, et la ville paraît petite à côté de cette *chôra*, dont la séparent des nécropoles. Le sanctuaire d'Apollon Lycien en occupe le centre, près d'une *agora* où un autel du milieu du VIe siècle est consacré à Zeus. L'édifice le plus ancien est le petit temple C, du type *mégaron*, édifié à la fin du VIIe siècle et reconstruit au Ve siècle ; au sud se trouvent, alignés sur la trame urbaine orthogonale, les deux grands temples

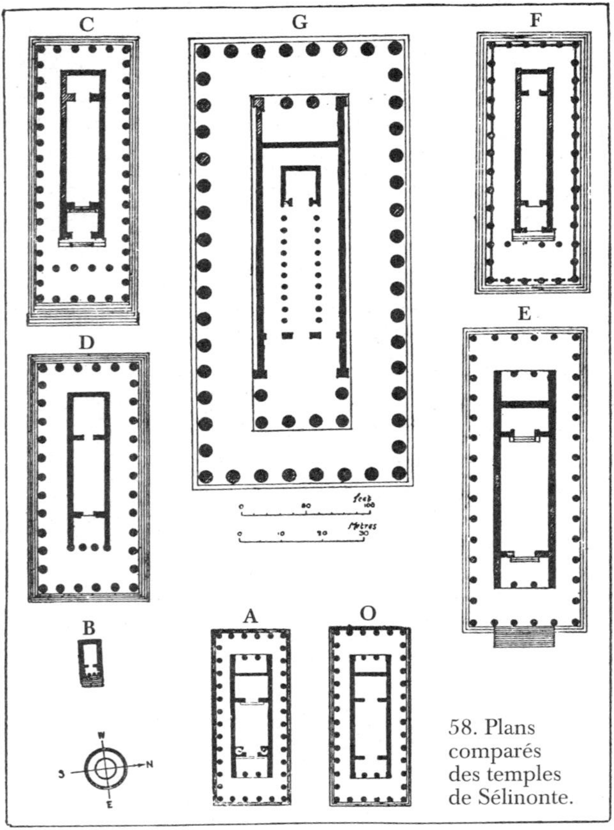

58. Plans comparés des temples de Sélinonte.

doriques périptères A et B, respectivement dédiés à Apollon et à Héra. Le temple A a connu deux phases, avec l'installation d'une seconde colonnade derrière celle de la façade principale, tout comme dans le temple B, mais celui-ci était le seul à posséder *adyton* et colonnade axiale. De dimensions supérieures, le temple B (première phase vers 570, deuxième phase vers 530) se distingue en outre par la présence de demi-colonnes sur la *péristasis* fermée, sans doute pour des raisons cultuelles. Enfin, à l'extérieur de la ville, au-delà des nécropoles, s'élevait comme gardien des frontières le temple extra-urbain d'Héra, dont restent en place 15 colonnes doriques (pour une *péristasis* de 6 x 12 supports) sur deux rangs et une partie de l'entablement, d'où le vieux nom de « Tables Palatines » : de style proche de la Basilique de Poséidonia, il fut érigé vers 540-530 avec une *cella* allongée à nef unique et *adyton* à l'arrière, en face d'un petit autel plus ancien que lui.

En Sicile, Sélinonte, sous-colonie de Mégara Hyblaea, a également manifesté au VIe siècle et au début du Ve une intense activité constructrice, dont nous aimerions saisir les fondements administratifs et financiers. C'est dans les années 570 que la colline de Manuzza a fait l'objet d'un quadrillage urbanistique qui a réservé un secteur religieux. Après un édifice du type *mégaron*, nous connaissons le toit du temple le plus ancien, un périptère qui devait se trouver sous le temple C. Ce dernier, un pseudo-diptère édifié sur une grande terrasse artificielle, après 550, ne fut en usage que pendant une ou deux décennies. Il présentait à la fois des colonnes monolithes et d'autres à tambours, sa *cella* longue et étroite, à nef unique comme souvent dans cette région, et terminée par l'habituel *adyton*, était précédée d'un *pronaos* à retours et surtout d'une monumentale double colonnade de façade qui rappelle celle de l'Apollonion de Syracuse et que nous avons vue aux temples A et B de Métaponte ; cette accentuation de la façade est elle aussi très occidentale. Quant au temple Y (dit « aux petites métopes »), apparemment plus ancien que le C et plus petit, son plan comme sa position originelle restent inconnus, car seuls en subsistent des matériaux de remploi. La séquence des temples sélinontins **[fig. 58]** se reconstitue principalement d'après l'évolution de l'entablement, de sorte que les datations restent approximatives. Vers 540-530, le plan du temple D dérive clairement du C, mais sans la deuxième rangée de colonnes sur la façade d'entrée et avec un *pronaos* distyle *in antis*, d'où des proportions au total moins allongées. Vient ensuite, vers 530-520, le temple F, toujours sur le même plan que le temple C, mais cette fois les entrecolonnements étaient fermés par des murettes jusqu'à mi-hauteur, une façon d'isoler encore plus l'espace interne, comme au temple B de Métaponte. La série archaïque se clôt avec le colossal temple G, probablement dédié à Apollon et commencé à la fin du VIe siècle à l'image des grands diptères d'Asie Mineure : en effet, le *pronaos* prostyle à retours ainsi que la *cella* sont découverts ; celle-ci est occupée par une double et fine colonnade dorique à étage formant une allée d'accès au *naïskos*; toutefois, l'opisthodome qui remplace l'*adyton* à l'arrière est le fruit d'un changement au début du Ve siècle, date également assignée à certains chapiteaux d'après leur forme. L'ensemble n'était toujours pas terminé quand l'incursion des Carthaginois, en 409, mit un terme aux ambitions des Sélinontins. En sont la preuve les soixante-deux tambours de colonnes inachevés, destinés au temple G et brutalement abandonnés dans ou près des carrières voisines de tuf calcaire, les Cave di Cusa. À l'origine, ce temple aurait donc bien été conçu comme diptère et non comme pseudodiptère, ainsi qu'on le restitue généralement.

C'est aussi à l'influence de la grande architecture ionienne et plus spécialement samienne qu'il faut rattacher l'Athénaion ionique de Syracuse, si l'on examine les bases de ses colonnes. Le plan resté traditionnel – *cella* longue et étroite sans supports internes ni *adyton*, *pronaos* profond à deux rangées de quatre colonnes – suggère la fin du VIe siècle pour le début de la construction, qui pourrait avoir été interrompue par l'arrivée de Gélon au pouvoir, en 485.

À Agrigente, sous-colonie de la riche Géla, c'est le temple A, dit « d'Héraclès », qui marque le mieux, vers 490, la fin de l'archaïsme en Grèce d'Occident. Si la tripartition avec opisthodome et la contraction angulaire sur les derniers

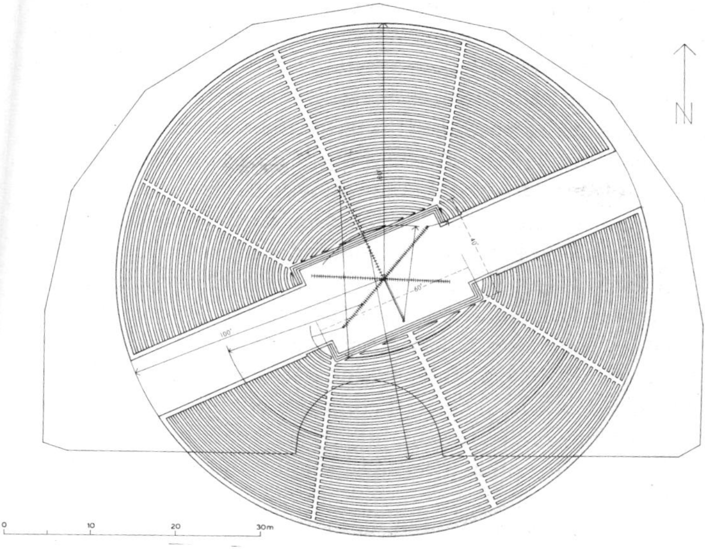

59. Plan de l'*ecclésiastérion* de Métaponte (milieu du VIe siècle), avec les lignes du théâtre postérieur.

entrecolonnements de façade – deux traits employés ici pour la première fois en Sicile – sont déjà classiques, nous restons néanmoins dans le goût local par la présence de cages d'escaliers à l'entrée du *naos* (comme dans l'Athénaion de Poséidonia et le temple de l'Héraion du Sélé) et une *péristasis* de 6 x 15 colonnes sur 25,33 x 67 m au stylobate, soit des proportions encore allongées.

Notre liste des temples archaïques du monde grec occidental n'est pas exhaustive et ne doit pas masquer le fait qu'existaient également en Sicile, en particulier à Agrigente, quelques sanctuaires consacrés aux divinités agraires ou des profondeurs, avec une forme architecturale spécifique : dans ces enclos l'important était l'autel, le temple étant de petites dimensions ou absent.

Il nous faut maintenant terminer par l'urbanisme et son corollaire, l'architecture civile. Les grandes *agoras* ont été tôt délimitées : aménagée avant celle de Poséidonia, l'*agora* de Mégara Hyblaea fut dès le VIIe siècle bordée sur deux côtés par des portiques. L'édifice d'assemblée vu à Poséidonia doit être rapproché de ceux récemment mis au jour à Agrigente et à Métaponte ; dans cette ville, les colons ont réalisé au milieu du VIe siècle une sorte d'*ecclésiastérion* de 62 m de diamètre, fait de deux demi-cercles de gradins opposés : en somme, une sorte de double *cavea* théâtrale pouvant accueillir environ 8000 personnes autour d'un espace central rectangulaire **[fig. 59]**. Remanié au premier quart du Ve siècle et remplacé par un théâtre canonique vers la fin du IVe siècle, ce bâtiment multifonctionnel, convenant pour des représentations culturelles autant que pour des réunions politiques, est à ce jour unique en son genre. Comme le fait remarquer son découvreur, il permet de mesurer l'étonnante capacité de création des Grecs d'Occident, lorsqu'on sait que l'architecture grecque ne dispose que d'un nombre limité de types d'édifices.

Directement liée à la distribution de lots de terre aux habitants et à la présence d'un milieu indigène parfois hostile, sans oublier la rivalité entre des cités nouvelles, l'implantation de remparts s'est faite plus tôt dans les colonies occidentales qu'en Grèce continentale. Peuvent par exemple être archéologiquement datées du VIe siècle les murailles de Mégara Hyblaea, Géla, Léontinoi, Naxos, Caulonia, Métaponte, Siris, Vélia, Cumes et Marseille, l'existence de structures antérieures, arasées ou réutilisées, étant parfois établie. Ces enceintes, conçues pour permettre une extension de la ville, sont de forme plus souvent rectangulaire que circulaire ; elles présentent des tours saillantes et sont parfois déjà en grand appareil de pierre (rectangulaire ou polygonal), même si l'on continue à recourir de préférence aux briques crues enduites.

5
L'époque classique
(480-323)

Temples et sanctuaires en Grèce continentale

Au Ve siècle, avec l'affaiblissement politique de la Grèce de l'Est, victime des Perses, les grands programmes de construction se concentrent désormais dans la métropole et en Occident.

Le plan du temple dorique classique à 6 x 13 colonnes, avec des entraxes égaux sur les petits et les longs côtés, apparaît dès la fin de l'époque archaïque en Arcadie : vers 530 à Orchomène, 520-510 à Vigla, puis au temple C de Pallantion (qui a connu plusieurs phases : une simple *cella* vers 600, puis une *péristasis* au début du Ve siècle). Le temple d'Orchomène offre aussi le premier cas de contraction angulaire, tandis qu'à Alipheira ce sont les deux derniers entraxes qui sont contractés.

Il n'y a donc pas lieu de s'étonner si c'est aussi dans le Péloponnèse, à Olympie, que fut élevé, entre 470 et 457 (date de sa consécration à Zeus), le temple considéré comme le plus caractéristique du style classique depuis sa mise au jour et son étude, à la fin du XIXe siècle. Il est ainsi à l'origine du concept moderne de canon architectural **[fig. 60, 95]**. Avec son soubassement haut de 3 m, grâce à un talus artificiel, et un stylobate mesurant 27,68 x 64,12 m, précédé d'une rampe à l'est, il était alors le plus grand de la métropole. L'architecte Libon d'Élis avait choisi le pied dorique de 32,6 cm comme module, pour des proportions simples : l'entraxe couvre 16 pieds, la largeur de la *cella* 40 pieds, un triglyphe et une métope font 8 pieds, les tuiles du toit de marbre 2 pieds, etc. À l'extérieur, où le diamètre inférieur de la colonne est compris 4,7 fois dans sa hauteur, la mauvaise qualité du calcaire coquillier était masquée par une couche de stuc et par la polychromie. L'intérieur de la *cella*, divisée par deux rangées de colonnes plus fines que celles de la *péristasis*, paraît étroit pour sa destination : elle devait abriter une colossale statue de Zeus assis, en marbre, or et ivoire, une des Sept Merveilles du monde, exécutée vers 430 par Phidias dans un atelier voisin du temple.

Le temple de Zeus à Olympie servit de modèle pour le deuxième temple de Poséidon à Isthmia, peut-être pour celui d'Héra II à Poséidonia-Paestum, dont nous reparlerons, et pour un groupe d'autres édifices attiques de la deuxième

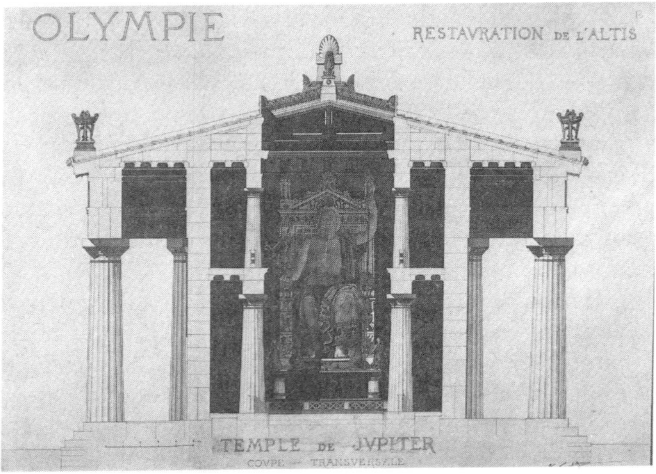

60. Coupe transversale restituée sur le temple de Zeus à Olympie (deuxième quart du Ve siècle).

61. Façade restituée du temple des Athéniens à Délos (425-420).

moitié du Ve siècle, de taille plus modeste, avec une *cella* plus courte : le temple d'Héphaistos à côté de l'*agora* d'Athènes, celui transplanté à l'époque augustéenne sur l'*agora* et dénommé temple d'Arès, le deuxième temple de Poséidon au cap Sounion, enfin celui de Némésis à Rhamnonte.

Fort bien conservé grâce à sa transformation en église, l'Héphaisteion – naguère dénommé à tort Théseion, à cause du thème de certaines métopes – a également subi l'influence du Parthénon, avec lequel il partage une fine colonnade intérieure en *pi* essentiellement décorative, et une frise ionique dans une partie de la galerie péristyle. La frise de galerie se retrouve aux temples du Sounion et de Rhamnonte, mais dans ce dernier elle est dorique. Avec un pied de 31,66 cm, ces deux temples ont toutefois encore en commun une petite *cella* à nef unique et des colonnes plutôt sveltes, le rapport hauteur / diamètre inférieur abou-

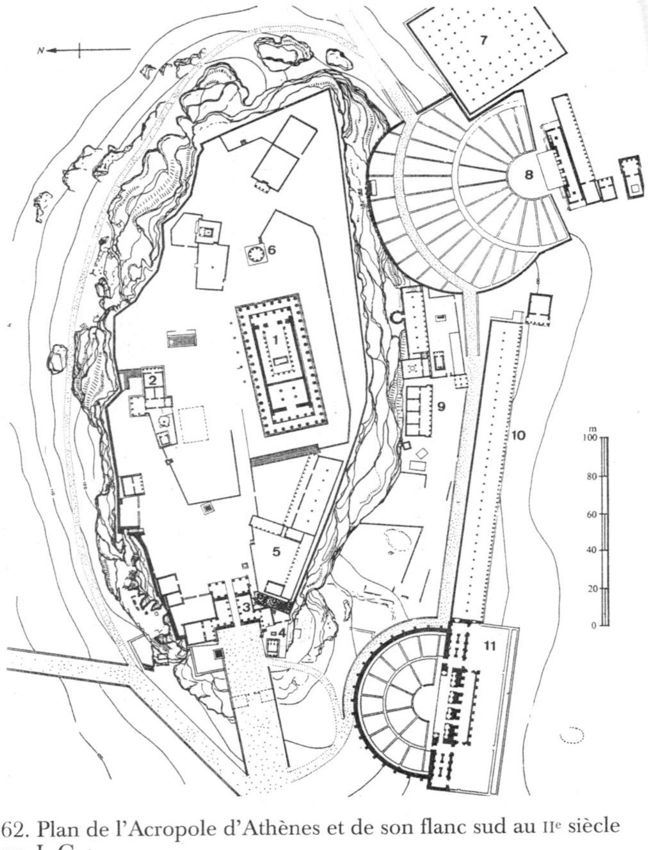

62. Plan de l'Acropole d'Athènes et de son flanc sud au IIe siècle ap. J.-C. :

1. Parthénon.
2. Érechtheion.
3. Propylées de Mnésiclès.
4. temple d'Athéna Niké.
5. sanctuaire d'Artémis Brauronia.
6. temple de Vénus et de Rome.
7. odéon de Périclès.
8. théâtre de Dionysos.
9. sanctuaire d'Asclépios.
10. portique d'Eumène.
11. odéon d'Hérode Atticus.

tissant à des proportions presque ioniques. En outre, leur *crépis* présente une particularité que nous reverrons sur nombre d'édifices postérieurs : le maintien d'une gaine de protection bien délimitée par une ciselure, dans un but décoratif.

Mais puisque nous avons parlé du Parthénon, il est temps de revenir sur l'Acropole d'Athènes, où les colonnes non ravalées de son prédécesseur ont finalement été insérées dans le rempart nord du rocher sacré. Il faudra ensuite attendre la mort de Cimon, en 450, et l'arrivée au pouvoir de Périclès pour que la démocratie athénienne, à son zénith, lance un programme architectural d'une ampleur sans précédent **[fig. 62]**, financé avant tout par du butin de guerre, par les revenus de locations et des mines du Laurion, mais aussi grâce au tribut annuel versé par les participants à la Ligue de Délos, dont les fonds ont été transférés à Athènes en 454.

Pour Périclès, il n'était pas question de reprendre les travaux au temple abandonné, car il voulait une œuvre qui fût vraiment sienne. Avec les architectes Ictinos et Callicratès, et le sculpteur Phidias, il réussit à faire achever en 438 – sans les frontons et les acrotères, terminés en 431 – un édifice commencé en 447, un véritable exploit si l'on songe à ses dimensions (30,88 x 69,50 m, pour 8 x 17 colonnes : ce sont des chiffres inhabituels pour un temple dorique), à la masse du décor sculpté et au niveau de perfection atteint dans les méthodes de transport et de travail du marbre. Ainsi, pour amener sur l'Acropole des blocs extraits à 12 km environ, deux rampes successives ont été établies à partir de l'endroit où s'élèvera ensuite l'odéon d'Hérode Atticus. C'est seulement sur le chantier que sont finement dressées les surfaces de contact, afin que les joints deviennent à peine perceptibles. La mise en place nécessite le recours à des appareils de levage – tel le « crabe », dont les mâchoires se coincent dans des paires d'entailles recourbées pratiquées au lit d'attente –, puis à de grandes

63. Coupe sur les plafonds à caissons derrière un fronton du Parthénon (vers 440).

pinces difficiles à manier. Le maintien des pierres en assises isodomes est assuré par des scellements métalliques ; dans les édifices péricléens comme dans toutes les constructions classiques, ce sont des crampons de fer noyé dans le plomb, en forme de double T, qui réalisent le scellement horizontal, tandis que dans le sens vertical des goujons sont employés aussi bien pour les différentes assises des murs qu'au centre des tambours de colonnes. Ces divers travaux, qui supposent un haut degré d'organisation, ne pouvaient être exécutés que par des ouvriers très qualifiés, sachant manier les outils appropriés.

Si le Parthénon est bien représentatif de l'architecture grecque classique dans sa technique (nous avons déjà parlé de ses « raffinements », p. 37-39) comme dans les proportions de ses chapiteaux, plus petits que ceux du Pré-Parthénon, il n'en demeure pas moins un cas exceptionnel, à bien des points de vue.

En effet, l'architecture y est inséparable de la sculpture, dont l'importance dépasse tout ce que nous avons vu jusqu'ici ; il a d'ailleurs été établi que le projet initial avait été modifié pour augmenter la part du décor sculpté. Dans beaucoup de temples, seule une partie des métopes étaient figurées, quand toutes n'étaient pas nues : le temple de Zeus à Olympie ne possédait que 12 métopes sculptées sur 80, l'Héphaisteion 18 sur 68, le temple de Poséidon au Sounion en était dépourvu. Alors que les 92 métopes du Parthénon sont toutes sculptées de scènes mythologiques symbolisant les guerres Médiques, s'y ajoutent deux frontons avec de nombreuses figures et une frise ionique continue, longue de 160 m, dont la plus grande partie représente la procession des Panathénées. Elle a été sculptée après la mise en place des blocs, en utilisant l'échafaudage nécessaire pour peindre les caissons du plafond en marbre **[fig. 63]**. Le choix politique athénien s'y trouve exalté : au côté nord, la procession pourrait avoir été organisée suivant la vieille division des quatre tribus, tandis qu'au sud elle suivrait le système démocratique des dix tribus. En fait, l'unité profonde du projet de Périclès tient en deux thèmes majeurs : celui de la procession et celui de la victoire, que l'on retrouve dans tout ce décor, pour marquer la volonté athénienne de tenir sa place hégémonique dans le monde grec.

Phidias a dû jouer un rôle prépondérant, car même le curieux plan du Parthénon, ce monument commémoratif unique, est en partie dicté par la sculpture. Certes, la division de la *cella* en deux salles majeures a simplement été reprise du Pré-Parthénon, avec une colonnade prostyle hexastyle de chaque côté, garnie de panneaux à claire-voie. Mais puisqu'il fallait loger dans cette *cella* une statue colossale d'Athéna, un ex-voto haut de 12 m, l'espace a été élargi jusqu'à 19 m et les colonnades intérieures se rejoignent en *pi* autour de cette statue, comme pour l'enchâsser et la sublimer dans ce qui est davantage un trésor qu'un simple temple. On avait même ménagé des fenêtres de part et d'autre de la porte d'entrée, pour éclairer et aérer l'intérieur : c'est une idée qui fera école.

L'installation d'une frise ionique dans la *péristasis* n'était pas la seule façon de briser délibérément le canon des ordres. Cette volonté de se singulariser se retrouve dans les multiples moulurations ioniques et lesbiques, les palmettes du décor, enfin les quatre colonnes, sans doute ioniques, de la salle postérieure (le Parthénon proprement dit), qui servait elle aussi de trésor. Les proportions choisies pour les colonnes doriques leur confèrent une allure relativement trapue : le rapport hauteur / diamètre inférieur n'atteint que 5,48, soit à peine plus qu'au temple d'Aphaia à Égine, alors qu'à l'Héphaisteion, aux temples du Sounion et de Rhamnonte, il est en moyenne de 5,68. Au total, reconstituer la conception du plan se révèle particulièrement difficile ; il semble tout de même que le rapport 9/4 ait joué un certain rôle, par exemple entre l'entraxe et le diamètre inférieur.

Grâce à l'habitude grecque de transcrire sur pierre les décisions du Conseil et les comptes de construction, nous connaissons de multiples détails sur les travaux au Parthénon et aux trois autres édifices, tous également en marbre pentélique, qui faisaient partie du même programme, dont on suit assez bien la chronologie. Ni la mort de Périclès en 429, ni la guerre du Péloponnèse, de 431 à 404, n'ont entraîné un réel fléchissement de la construction, puisque les Propylées actuellement visibles ont été édifiés de 437 à 432, le temple d'Athéna Niké de 424 à 418 environ, avec un autel monumental dans son axe, et le chantier de l'Érechtheion a débuté vers 420 pour se terminer vers 405.

Les vastes Propylées de l'architecte Mnésiclès doivent leur dissymétrie à un vénérable « mur pélasgique » et au sanctuaire voisin, qu'il fallait préserver, tandis que le changement d'axe par rapport au *propylon* archaïque **[fig. 62, *n°3*]** peut s'expliquer par la volonté de s'aligner sur le Parthénon. Après l'aménagement malaisé du rocher, les différences de niveau sont magistralement compensées et l'usage conjoint des ordres dorique et ionique (ce dernier pour les colonnes intérieures) servira désormais de modèle. Sur le bastion voisin, le petit temple ionique (5,40 x 8,17 m) d'Athéna Niké, « la Victoire », doit sa structure amphiprostyle à des contraintes spatiales ; il a néanmoins pu être axé sur l'entrecolonnement central de la façade ouest du Parthénon. Lui aussi succède à un modeste édifice en calcaire qui paraît avoir été commandé à l'architecte Callicratès, par la suite associé au Parthénon. Le nouveau temple de marbre **[fig. 62, *n°4*]** retient l'attention par sa frise sculptée, sans denticules, mais surtout par les proportions de ses fines colonnes couronnées de chapiteaux à grosses volutes resserrées, aux balustres tendus. Certaines parties, comme les chapiteaux d'ante, étaient rehaussées par un décor finement peint. Ce joyau peut être rapproché d'un temple très semblable relevé aux bords de l'Ilissos, avant sa destruction en 1771. Le temple de Niké, lui, eut plus de chance : il bénéficia de deux reconstructions, au XIXe siècle et en 1936.

Quant à l'Érechtheion, la forme particulière de ce temple-sanctuaire est due au souci très grec de respecter de vieilles installations cultuelles **[fig. 62, *n°2*]**. C'est à juste titre que Pausanias, auteur de la *Périégèse*, une sorte de guide de voyage au IIe siècle ap. J.-C., y voit un édifice « double », son corps étant constitué par une salle rectangulaire vouée à l'Athéna Polias, celle « de la cité », précédée d'un vestibule prostyle ouvert à l'est, mais sans communication avec deux pièces jumelles, de niveau inférieur et orientées vers l'ouest. Le porche nord, en rapport avec le tombeau d'Érechthée, frappe par la magnificence de son décor ionique, visible sur les bases et les fûts des hautes colonnes comme sur l'encadrement de la grande porte d'entrée, avec ses rosettes et ses consoles à doubles volutes en S.

64. Le portique des caryatides de l'Érechtheion (vers 410-405) à la fin du XVIIIe siècle, par L. F. Cassas.

Au-dessus, les figures de la frise sculptée d'entablement étaient fixées sur des plaques en calcaire bleu d'Éleusis, une recherche originale de polychromie. Au sud, surmontant le tombeau attribué à Cécrops, premier roi mythique de l'Attique (sans doute un tombeau mycénien), fait saillie un baldaquin à fins denticules, supporté par six caryatides tournées vers le Parthénon **[fig. 64]**. Assurément, seule la souplesse de l'ordre ionique pouvait assumer tant de subtiles variations. Comme pour le temple d'Athéna Niké, le choix de cet ordre était peut-être symbolique, destiné à rappeler les origines ioniennes de la cité.

En cette seconde moitié du Ve siècle, on construit tout autant dans les zones sous influence attique, telle l'île de Délos, au cœur des Cyclades. L'antique sanctuaire d'Apollon reçoit alors, entre un vieux bâtiment en *poros* et un grand périptère dorique jamais vraiment achevé, un troisième temple, parallèle aux deux premiers mais bien différent **[fig. 22]**. Appelé dans les inscriptions « temple des Athéniens » ou « des Sept Statues » **[fig. 61]**, ce temple-trésor en marbre pentélique accueillait en effet dans sa *cella*, éclairée par des fenêtres de part et d'autre de la porte, comme au Parthénon, une base en fer à cheval pour des statues ; s'il partage aussi avec le temple d'Athéna Niké un plan amphiprostyle et la présence de piliers entre les antes du *pronaos*, il était néanmoins dorique, sur une *crépis* à quatre degrés. Le profil des chapiteaux et le style flamboyant des acrotères figurés suggèrent une date vers 425-420.

Mais c'est principalement vers le Péloponnèse qu'il faut maintenant nous tourner, car à partir de la même période nous y trouverons plusieurs édifices qui témoignent de courants tantôt locaux, tantôt atticisants, et surtout des capacités d'adaptation de l'architecte Ictinos. En effet, Ictinos paraît avoir été accoutumé aux sites remplis d'histoire et de contraintes, puisque, après avoir été en charge du Parthénon, il avait commencé à remanier le Télestérion d'Éleusis, aux portes d'Athènes. Dans ce lieu occupé depuis l'époque mycénienne, un *anaktoron*, sorte de saint des saints, se trouvait au centre d'un dispositif complexe voué à la célébration des mystères de Déméter et Corè. Les différents états du Télestérion devaient respecter et entourer ce point focal, de sorte qu'Ictinos avait prévu une

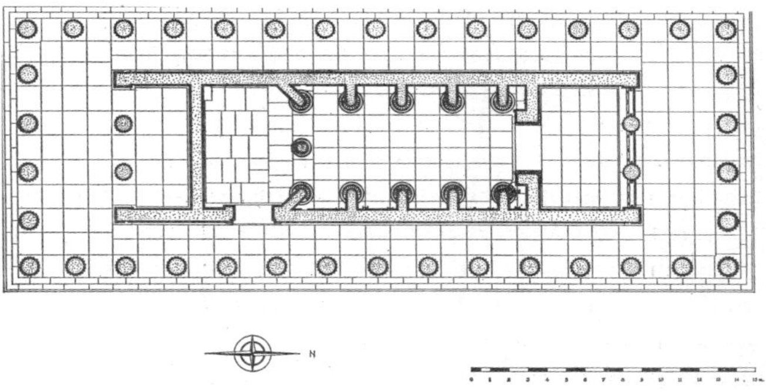

65. Plan du temple d'Apollon à Bassae-Phigalie (dernier quart du Ve siècle).

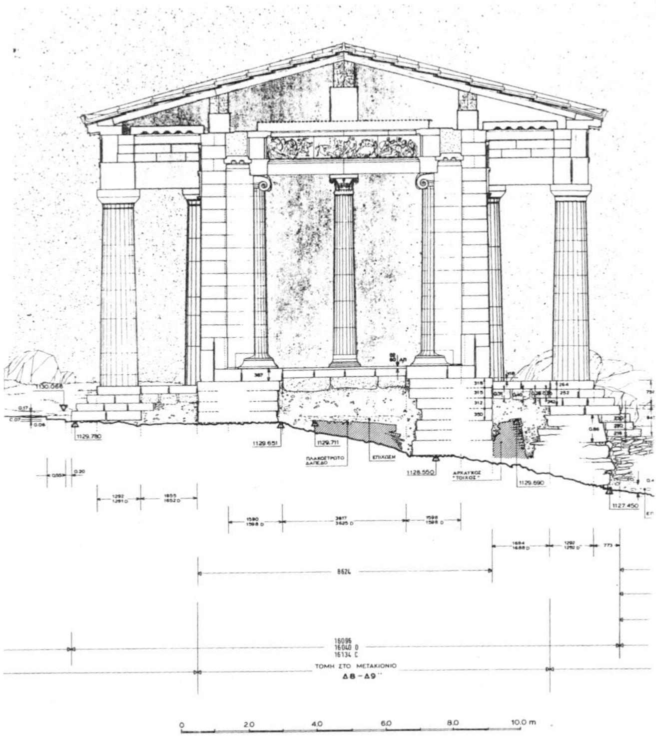

66. Coupe transversale restituée sur le temple d'Apollon à Bassae-Phigalie.

grande salle carrée précédée d'un porche monumental et parcourue, sur plan centré, de quatre rangées de cinq colonnes délimitées par des gradins. Toutefois, ce projet ne put être réalisé tel quel, et Plutarque nous relate que ce sont les architectes Métagénès et Xénoclès qui vinrent à bout de la construction, en ménageant pour finir une ouverture (*opaion*) au milieu du toit.

Dans la montagneuse Bassae, près de Phigalie, les contraintes étaient d'un autre ordre qu'à Éleusis. Un temple d'Apollon existait déjà ici à l'époque archaïque ; installé un peu plus loin, le temple classique, pour la plus grande part en calcaire gris de médiocre qualité, est également orienté au nord, une direction qui paraît correspondre à une coutume arcadienne. Ce temple attribué à Ictinos, d'après Pausanias, doit aussi à son prédécesseur un plan allongé (14,56 x 38,31 m au stylobate) avec 6 x 15 colonnes doriques à la *péristasis*, et même, en partie, une disposition intérieure inattendue. Suivant une habitude péloponnésienne, les 2 x 6 métopes du *pronaos* et de l'opisthodome étaient sculptées, tandis que celles de la *péristasis* étaient muettes. Mais c'est ailleurs que réside l'originalité **[fig. 65-66]**. Car le vaisseau intérieur est fait de deux rangées de demi-colonnes ioniques – les premières connues –, adossées à des murs-épis et réunies, au bout de la *cella*, par deux colonnes angulaires disposées en biais et une colonne médiane formant la limite avec l'espace postérieur, un *adyton* ouvrant à l'est. Cet espace existait déjà, mieux fermé, dans le temple archaïque, où des piliers renforçant les faces internes des murs de la *cella* ont pu donner l'idée des murs-épis. Commencé au Parthénon, le dégagement du volume intérieur sera désormais la règle ; mieux, la création de sortes de niches par les murs-épis annonce le jeu sur les courbes ou les rentrants qui va s'amplifier aux siècles suivants. Le chapiteau corinthien du fût médian est le plus anciennement connu de ce type : les petits colliers d'acanthe (la plante est à peine reconnaissable !) y jouent un rôle encore modeste par rapport aux multiples volutes des crosses et à l'abaque épais, mais un motif ornemental apparaît déjà dans l'axe et surtout nous saisissons tout de suite l'extraordinaire avantage visuel que représente un tel chapiteau, sans orientation privilégiée. Il a donc une fonction principalement décorative, en accord avec celle désormais assignée à la colonnade intérieure, qui ne porte pas mais doit d'abord servir à rythmer et orner les murs, tout en mettant en valeur une statue d'Apollon. Toujours à cette fin, les bases des colonnes ioniques ont une forme évasée inattendue, et leurs chapiteaux intriguent par des volutes très incurvées et serrées, tangentes aux volutes latérales qui remplacent les balustres. Il faut en fait y voir des chapiteaux ioniques conçus comme diagonaux, à volutes sur quatre faces, mais incomplets dans leur position d'applique. Au-dessus, une architrave à deux fasces supporte un exemple unique de frise intérieure sculptée en marbre du Magne, qui devait certes être mal visible, sous un plafond continu à caissons de diverses formes. Les proportions générales, le style des sculptures et les profils des moulures indiquent une date dans le dernier quart du Ve siècle pour l'achèvement.

Bâti entre 420 et 390 par l'architecte Eupolémos d'Argos, sur une terrasse subtilement aménagée, avec des façades échelonnées, le temple classique de l'Héraion d'Argos **[fig. 17]** a en commun avec celui de Bassae le recours au calcaire local pour le gros œuvre, au marbre pour le décor et même le toit, ainsi qu'une *crépis* à degrés de hauteur croissante – un détail péloponnésien, comme la rampe d'accès, absente de Bassae, mais que nous verrons dans d'autres sanctuaires de la région. Ce temple d'Héra, à 6 x 12 colonnes, est toutefois le seul du Péloponnèse qui porte des métopes sculptées, non seulement sous sa *péristasis*, mais aussi à l'extérieur, au moins sur les deux façades, un trait sans doute aussi attique que le profil et le décor du chéneau.

Le plan ramassé connaîtra désormais un réel succès, et d'abord avec le temple d'Asclépios à Épidaure, édifié par l'architecte Théodotos sur la base du pied dorique de 32,6 cm : ne comptant que 6 x 11 colonnes pour 11,76 x 23,15 m au stylobate, il ne laissait même plus de place pour un opisthodome. Les étapes du chantier sont relatées par les comptes de construction gravés sur pierre, qui nous renseignent aussi sur des parties ou des détails non conservés : la grande porte marquetée d'ivoire et couverte d'accessoires métalliques qui nécessitaient une protection par des grilles, les peintures des métopes et de la *sima*, celles des caissons de plafond montés sur des châssis de bois moulurés – tous points comparables à ceux que rapportent les inscriptions de l'Érechtheion et du Grand temple de Délos. Le temple d'Asclépios présentait un des plus anciens chéneaux à rinceaux d'acanthe, un décor d'esprit athénien qui deviendra une spécialité péloponnésienne. Comme les autres temples de cette région, il est principalement daté par des critères de style et de technique : les années 380 ont été retenues à cause du profil du chapiteau dorique, dont l'échine est bien tendue mais encore sensiblement bombée, et de la rareté des goujons, tandis que l'usage de minces et profonds crampons en *pi* est pour la première fois général. De fait, ce genre de crampons-griffes va désormais se répandre à partir du Péloponnèse, pour l'emporter dans tout le monde grec, puis romain.

Au milieu du IVe siècle, les 6 x 14 colonnes et les dimensions (19,16 x 47,52 m au stylobate), ainsi que l'ouverture secondaire au nord, du temple d'Athéna Aléa à Tégée s'expliquent à nouveau par la reprise d'une partie des fondations d'un temple archaïque, remontant à la fin du VIIe siècle et détruit par le feu en 395-394. Selon Pausanias, c'est à Scopas, architecte et sculpteur, que les Tégéates avaient confié le soin de la reconstruction, alors qu'il venait de collaborer au Mausolée d'Halicarnasse. Il a conservé ici des habitudes péloponnésiennes – rampe d'accès, et métopes sculptées au *pronaos* comme à l'opisthodome –, mais n'a pas hésité à préférer des proportions plus modernes : avec 9,47 m de hauteur pour un diamètre à la base de 1,55 m, les colonnes doriques de la *péristasis* se sont amincies pour porter un chapiteau bien petit, à échine rectiligne, et un entablement allégé. Toutefois, comme à Bassae, l'originalité se trouve surtout à l'intérieur : le *pronaos*, plus profond que l'opisthodome, ouvre sur une *cella* dont les murs sont rythmés par un pur décor de demi-colonnes corinthiennes engagées, encadrées par des

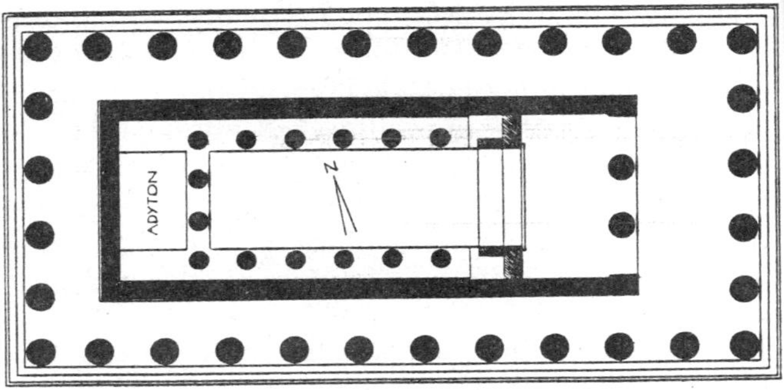

67. Plan du temple de Zeus à Némée (vers 330).

pilastres. Parmi les détails techniques nouvellement introduits et qui vont connaître une grande faveur, on remarque les tenons qui doublent désormais le goujon axial des tambours de colonnes.

Dans le sanctuaire de Némée, après la reprise des concours panhelléniques vers 330, s'impose un grandiose programme édilitaire qui voit la construction d'un temple, d'une hôtellerie (*Xénôn*) et de bains. Le temple de Zeus rappelle dans ses grandes lignes celui d'Épidaure. Lui aussi privé d'opisthodome, il ne mesurait que 20,09 x 42,55 m au stylobate, pour une *péristasis* de 6 x 12 colonnes **[fig. 67]**. Par sa structure en calcaire local stuqué, surmontée d'une *sima* en marbre pentélique, il suivait bien la mode du IVe siècle en Argolide, ce qui ne l'empêchait pas de se singulariser par des métopes nues au *pronaos*. Dans la *cella*, l'*adyton*, auquel on accédait par six degrés derrière la colonnade en *pi*, indépendante, était sans doute une survivance du sanctuaire antérieur. Mais le chapiteau corinthien du niveau inférieur de la colonnade est exceptionnellement trapu et semblable à celui de Tégée, sans crosses médianes, tandis que l'ordre ionique du niveau supérieur présente des chapiteaux dont les petites volutes se dégagent d'un canal profondément creusé.

Toujours hors de l'Attique, d'autres sanctuaires ouvrent aussi des chantiers, pour des édifices de taille plutôt modeste mais souvent de plan et d'exécution très soignés.

À Delphes, l'étroite terrasse de Marmaria (les « marbres »), dédiée à Athéna, était déjà occupée par deux trésors, des autels et un temple périptère en tuf **[fig. 38]**, quand on décida d'y implanter un monument rond en marbre pentélique, orienté au nord, puis un temple en calcaire des carrières voisines de Saint-Élie. Datable vers 350 par la technique, les proportions et le style, le temple en calcaire était dorique, prostyle hexastyle, d'une conception modulaire très précise. Sa restitution n'a pas posé de problèmes, contrairement à celle de la fameuse *tholos* en partie remontée et dont la destination demeure incertaine, même si la présence d'une banquette annulaire pour des offrandes suggère un temple-trésor **[fig. 68]**. Alors que les rotondes sont rares en Grèce car difficiles à construire et surtout à couvrir, la plus ancienne *tholos* périptère s'élevait déjà à Delphes vers 580, offerte par les Sicyoniens au début

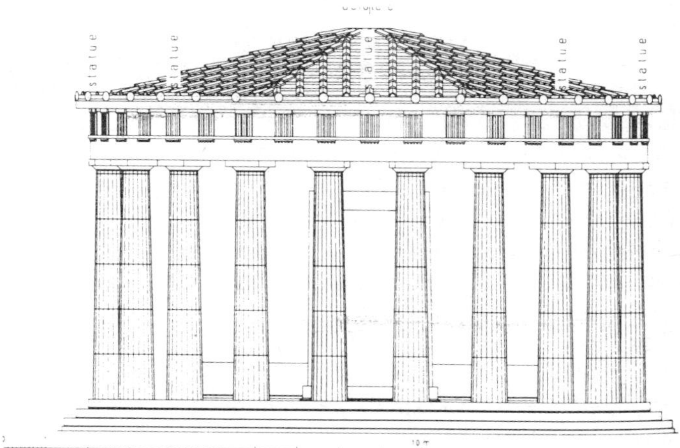

68. Restitution de la *tholos* de Delphes (premier quart du IVe siècle).

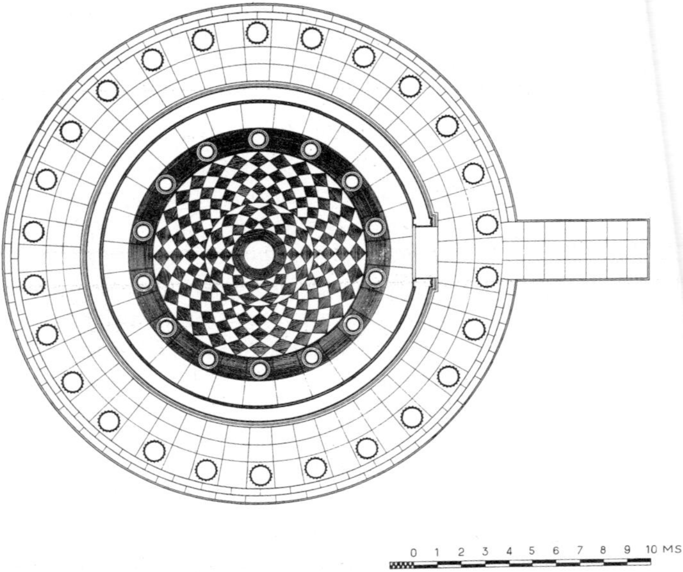

69. Plan de la *tholos* d'Épidaure (360-320).

de la Voie sacrée, avec une frise à triglyphes dissociée du rythme des colonnes et un diamètre intérieur de 3,5 m seulement. Elle devait inaugurer une petite série, car dans le premier quart du IVe siècle – date suggérée par les proportions – celle de Marmaria arborait vingt colonnes doriques très élancées, mesurant jusqu'à 6,82 diamètres, tandis que des colonnes corinthiennes régnaient à l'intérieur, tangentes au mur. Le traité, non conservé, que l'architecte Théodoros de Phocée a consacré à son œuvre exposait probablement les calculs mathématiques poussés dont il avait fait usage : par exemple, si le cercle de base semble inscrit dans un pentagone, il apparaît qu'une toiture initiale de type octogonal, en marbre, a été remplacée assez vite par une toiture radiale en terre cuite, moins lourde.

Peu après – entre 360 et 320, d'après les comptes de construction, l'ornementation, et le profil du chapiteau dorique –, à Épidaure, l'architecte Polyclète le Jeune édifia près du temple d'Asclépios une *tholos* de dimensions supérieures à celle de Delphes, et surtout d'un luxe décoratif unique **[fig. 69-70]**. Rien d'étonnant à ce que son coût fût deux fois plus élevé que celui du temple, selon les comptes conservés. Pour un diamètre de 21,82 m à l'assise de réglage, elle était ceinte de vingt-six colonnes doriques surmontées d'une frise à métopes ornées de phiales en rosace ; au-dessus, les rinceaux du chéneau et de l'acrotère faîtier rivalisaient d'exubérance. À l'intérieur, sur un dallage à damiers de losanges noirs et blancs (une combinaison qui aura une longue postérité chez les Romains), les quatorze fûts, eux aussi en marbre pentélique, portaient des chapiteaux corinthiens d'une élégance et d'une vivacité inégalées ; dans ce type dit « libre », les crosses partent directement des rangées annulaires d'acanthes, sans caulicoles. Au plafond des péristyles extérieur et intérieur, les dalles des caissons éclatent de richesse,

70. Chapiteau corinthien de la *tholos* d'Épidaure.

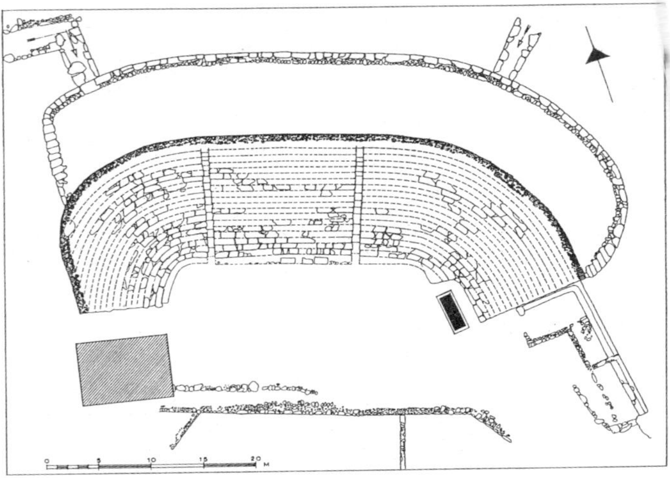

71. Plan du théâtre de Thorikos (Ve-IVe siècle).

avec leurs fines moulurations et leurs fleurons jaillissant d'un bouquet d'acanthe. La symbolique funéraire du lys et du pavot, jointe à celle de la phiale, incite à voir dans cette *tholos* le tombeau fictif d'Asclépios, auquel aurait été rendu un culte dans le puits situé au centre des six anneaux de la fondation. Avec le temple et le grand portique où le dieu visitait les malades pendant leur sommeil thérapeutique, le sanctuaire d'Épidaure formait ainsi un ensemble cohérent.

Nous n'avons examiné jusqu'ici que des édifices cultuels ou relevant de la même architecture que les temples. Mais les grands sanctuaires et leurs abords immédiats nécessitaient encore d'autres aménagements, surtout en période de concours. Alors que les salles de banquets destinées aux notables en déplacement ont pris leur forme spécifique dès l'époque archaïque, les édifices de sport ou de spectacle se sont longtemps contentés d'installations sommaires. Au VIe siècle, pour les premiers stades d'Isthmia ou d'Olympie, un vaste terrassement a donné naissance à une piste, avec une faible pente pour les spectateurs ; au moment où l'on édifia le temple de Zeus, le stade d'Olympie fut mieux structuré par la construction d'une petite tribune et d'un mur qui le sépare de l'Altis. Mais la longueur de ces premières pistes n'est pas connue, et celle repérée sur l'*agora* de Corinthe, datée de 500 environ, est la seule à présenter une ligne de départ courbe, supposant la connaissance du nombre *pi*, pour dix-sept places de départ.

Le drame théâtral représente un autre volet du culte. On sait qu'il naquit à Athènes dans la seconde moitié du VIe siècle et n'exigeait pas, au départ, un cadre architectural. Au pied de l'Acropole, le premier théâtre en pierre dans le sanctuaire de Dionysos **[fig. 62, *n°8*]**, achevé sous la magistrature financière de Lycurgue vers 335, a oblitéré l'état ancien de l'édifice, que l'on peut imaginer d'après les bâtiments, mieux conservés, des communes (dèmes) attiques qui ont dû l'imiter, à Ikaria, Thorikos **[fig. 71]**, Trachonès, Rhamnonte, ou encore à Argos. À Thorikos, le théâtre remonte probablement aux années 500, avec des gradins rectilignes en bois et une *orchestra* non circulaire, comme dans tous les théâtres primitifs ; l'installation en pierre, toujours rectilinéaire même si les extrémités se recourbent, est datable du milieu du Ve siècle, alors qu'un temple de Dionysos existait déjà. À un moment malaisé à définir, mais qui coïncide sans doute avec la construction du théâtre monumental de Dionysos à Athènes, laquelle a dû commencer avant 350, ce dispositif a été remplacé par le plan à *orchestra* circulaire et *cavea* en demi-cercle outrepassé ou prolongé, centré sur l'*orchestra*, devant un bâtiment scénique désormais aussi en pierre. L'acoustique et surtout la vision se trouvaient améliorées, mais l'entreprise demandait de gros moyens techniques et financiers, car si cette *cavea* n'était pas adossée à une éminence naturelle (Athènes), il fallait l'étayer par des murs de soutènement périphériques (Mantinée, Métaponte). Malgré cette difficulté, on compte, à la fin du IVe siècle, de nombreux théâtres de type « canonique » : ainsi à Épidaure, à Corinthe, et même à Ilion (Troie) où la *cavea*, édifiée contre un flanc de l'acropole, est associée à un nouveau temple d'Athéna. Et dès cette époque la relation de l'édifice au paysage est bien sentie.

L'urbanisme et l'habitat

L'aménagement de l'Acropole d'Athènes reposait sur les trois bases de l'impérialisme athénien : la flotte, un trésor de guerre, ainsi que les fortifications englobant l'agglomération urbaine et son port, Le Pirée. Car les Grecs imaginaient mal une vraie ville, civilisée, sans murailles. Certes, il y avait Sparte pour en nier la nécessité et affirmer que la force d'une cité résidait dans la valeur militaire de ses hommes, qui ne se réfugiaient pas peureusement derrière des enceintes. Mais Sparte était un cas particulier dont l'exemple ne fut pas suivi, surtout après les invasions des Perses, rompus aux sièges avec béliers et tertres d'assaut.

C'est donc à partir des années 475 – mais surtout, semble-t-il, au IVe siècle – que progressèrent en Grèce le nombre et la science des fortifications, qui enveloppent toute l'étendue de la ville. La hauteur et l'épaisseur des murs restent néanmoins faibles, l'évolution des techniques de siège n'étant prise en compte qu'avec retard par les constructeurs. Ceux-ci restèrent longtemps fidèles aux briques crues, déjà systématiquement employées à l'époque archaïque, car elles résistent bien aux coups de bélier et le socle de pierres les protège de l'humidité destructrice. Moins économiques et de fabrication moins rapide, les murs à assises de pierres sont toutefois plus puissants et surtout plus impressionnants ; leur valeur de prestige non négligeable les aidera à s'imposer. Si les appareils de ces murs sont variés, sans être des indicateurs chronologiques fiables, le principe sera toujours le même à partir du IVe siècle : deux parements à remplissage intérieur en tout-venant (*emplecton*) sont liés par des éléments transversaux.

Dans leur relative simplicité, les multiples tours, fortins, forteresses que les Athéniens ont élevés sur des défenses naturelles en Attique et en Mégaride pour protéger leur territoire, entre la fin du Ve et le milieu du IVe siècle, sont de bons exemples d'une architecture militaire qui n'a guère connu de perfectionnement réel avant le premier quart du IVe siècle et n'est pas encore adaptée aux attaques par armes lourdes, alors que la catapulte vient d'être inventée. Les courtines sont sommées d'un parapet crénelé et protégées, comme les rares portes (points faibles de toutes les murailles), par des tours à deux étages, généralement carrées, qui sont percées de fenêtres ébrasées de différentes tailles, pour le guet et le tir. Mais pour connaître l'état le plus poussé des fortifications grecques au commencement de l'époque hellénistique, le plus simple reste de se tourner vers le Péloponnèse, à Messène, fondée en 370 par le général béotien Épaminondas. Ses 9 km de remparts, en grand appareil rectangulaire, sont admirablement conservés, avec les courtines qui suivent la ligne du terrain et portent les chemins de ronde à une hauteur moyenne de 4 m, de nombreuses tours carrées ou quelquefois semi-circulaires – ce qui supprimait les angles morts et la vulnérabilité des saillants –, et trois grandes portes protégées de manières diverses : par un décrochement en tenaille, voire une cour ronde. En outre, des poternes flanquées d'une tour, pour les sorties subites, témoignent du passage progressif à une défense active **[fig. 72]**.

À Athènes même, c'est dans le secteur du Céramique, le quartier des potiers et de la nécropole, que subsistent des éléments du mur élevé par Thémistocle en 479-478. On y a aussi remarqué l'état ancien des deux portes, la Porte sacrée et le Dipylon (la « double porte »), où deux murs rentrants,

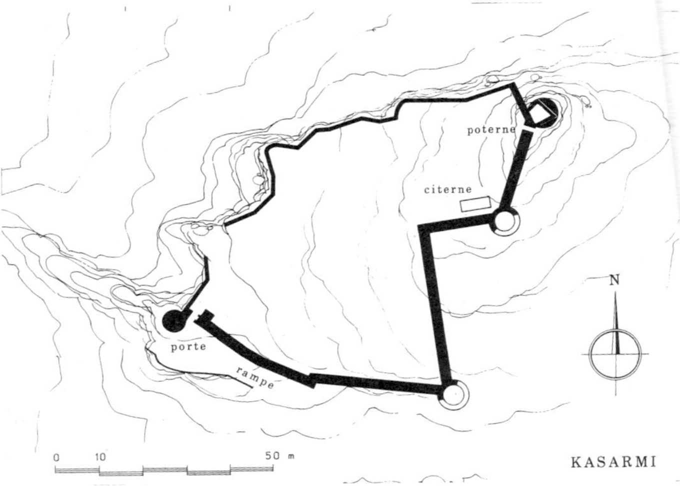

72. Plan des fortifications de Kasarmi en Argolide.

parallèles et flanqués de tours carrées, permettaient de coincer les assaillants dans un corridor ou une cour ; du côté de la ville, le Dipylon était complété par une grande fontaine à bassin, qui constituait le prolongement du vaste réseau hydraulique mis en place par les tyrans du VIe siècle.

Les fortifications reliant Athènes au Phalère et au Pirée, appelées les « Longs Murs », ont connu quatre phases depuis le deuxième quart du Ve jusqu'à la fin du IVe siècle. La technique et les matériaux restaient modestes, mais dans le principe il s'agit d'un des premiers exemples de ces remparts à grands circuits qui deviendront quasiment la norme, surtout en Asie Mineure. Des tronçons existent encore au Pirée, le nouveau port voulu par Thémistocle. Les trois anses de Kantharos, Zéa et Munychie étaient intégrées dans l'enceinte pour dessiner des ports fermés ; leurs hangars à bateaux faisaient aussi partie du dispositif militaire, formant un ensemble que l'on retrouve par exemple dans le port fermé de Thasos, toujours au Ve siècle.

Pour ce qui est de la ville du Pirée proprement dite, Aristote raconte dans sa *Politique* que c'est Hippodamos de Milet qui « inventa la division des cités et découpa régulièrement Le Pirée ». Comme d'autres auteurs anciens lui donnent aussi la paternité des villes de Thourioi en Grande-Grèce ainsi que de Rhodes, et que toutes trois présentent effectivement un plan d'urbanisme en damier, où de larges avenues (les *plateiai,* sing. : *plateia*) sont perpendiculaires à un nombre supérieur de rues plus étroites (les *stenopoi,* sing. : *stenopos*), avec séparation des zones sacrées, publiques et privées, il n'en fallut pas davantage aux historiens contemporains pour faire d'Hippodamos le créateur, sous l'influence des idées pythagoriciennes, du plan orthogonal, désormais appelé plan « hippodaméen ». Des archéologues allemands sont même allés plus loin, reconnaissant en lui l'inventeur de maisons modulaires ou standards qui formeraient la trame des plans, tout en inscrivant dans l'espace les notions capitales d'égalité (*isonomia*) et de démocratie[12]. En réalité, Hippodamos – dont nous ne connaissons ni les dates, ni les écrits personnels, ni la qualification exacte, même si des lexicographes tardifs voient en lui un architecte et un « spécialiste des choses célestes » – ne semble pas avoir exprimé des idées spécialement démocratiques ni même pythagoriciennes, et de toute façon il ne peut avoir inventé pour Le Pirée un type de plan dont les grandes lignes avaient déjà été appliquées dans les colonies et surtout les sous-colonies occidentales, comme nous l'avons vu, ainsi que dans certaines colonies de la mer Noire. Sa présence à Thourioi n'est en rien assurée, et l'on voit mal comment, après être intervenu au Pirée dans le premier quart du Ve siècle, il aurait pu être également actif à Rhodes, fondée en 408-407. Reste qu'il était originaire de Milet, une ville ionienne alliée

---

12. W. HOEPFNER, E.-L. SCHWANDNER, *Haus und Stadt im klassischen Griechenland* (1994, 2e éd.).

d'Athènes, détruite par les Perses et reconstruite après 479 sur sa presqu'île, avec deux carroyages réguliers au nord et au sud qui divergent de 3 degrés, les deux systèmes étant à la fois séparés et reliés par une grande artère **[fig. 73]**. Sans doute Hippodamos faisait-il partie d'une école milésienne de philosophie qui connaissait non seulement les plans des cités coloniales d'Occident, mais aussi ceux d'anciennes villes phéniciennes également orthogonales ; or, le goût de la philosophie ionienne pour la théorie et les mathématiques ne pouvait que se satisfaire de ces conceptions claires et logiques, bidimensionnelles. Et quand bien même les colonies milésiennes de la mer Noire (Histria, Olbia) n'entrent pas dans ce schéma, l'héritage fut recueilli et diffusé, d'une manière qui paraît plus systématique et rationnelle à partir du Ve siècle : car si les villes nouvelles des colonies et certaines cités classiques de la métropole présentent un plan en longues bandes parallèles où sont découpés des îlots (*insulae*, sing. : *insula*) de taille variable, suivant les besoins, l'urbanisme de type « milésien » privilégie les *insulae* de taille égale, qui évoquent plutôt un échiquier.

Alors que le plan des maisons du Pirée, particulièrement mal conservées, reste pour l'heure malaisé à déterminer, il n'en va pas de même pour celles d'Olynthe, une cité de Chalcidique à constitution oligarchique, refondée par synœcisme en 432, à côté de sa vieille ville détruite par les Perses ; l'ensemble fut entouré de murs en briques crues, à tours carrées saillantes, à l'est desquels on construisit encore un nouveau quartier avant le siège et la mise à sac de la ville par Philippe II, en 348. Grâce aux fouilles américaines, Olynthe est un exemple d'urbanisme et d'habitat classiques des plus intéressants, pour une population d'environ 12 000 habitants au moment de sa destruction. Le schéma orthogonal suit le système des bandes allongées, formées par deux « avenues » et deux rues nord-sud ; de nombreuses rues est-ouest, larges de 5 m et donc encore

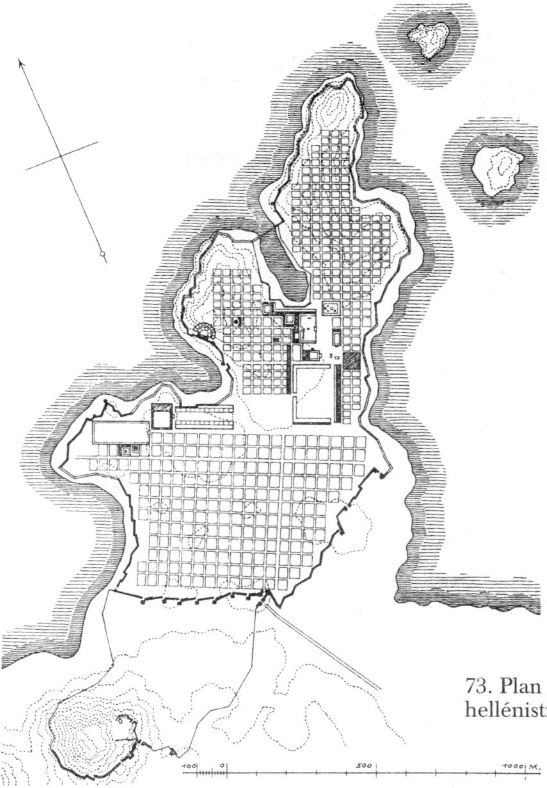

73. Plan de Milet hellénistique.

accessibles aux chars, délimitent des îlots de différentes dimensions, et une voie de circulation est d'abord laissée libre le long de la face interne de la muraille. Un îlot contient entre deux et dix parcelles bâties, chacune mesurant 58 x 57,5 pieds, sur la base d'un pied de 29,7 cm, soit environ 293 m². Le demi-pied manquant au plan carré correspond à l'intervalle entre deux maisons, une sorte de venelle est-ouest qui servait à l'aération et surtout au drainage ; en revanche, les limites nord-sud des maisons étaient habituellement des murs mitoyens. À l'origine, chaque

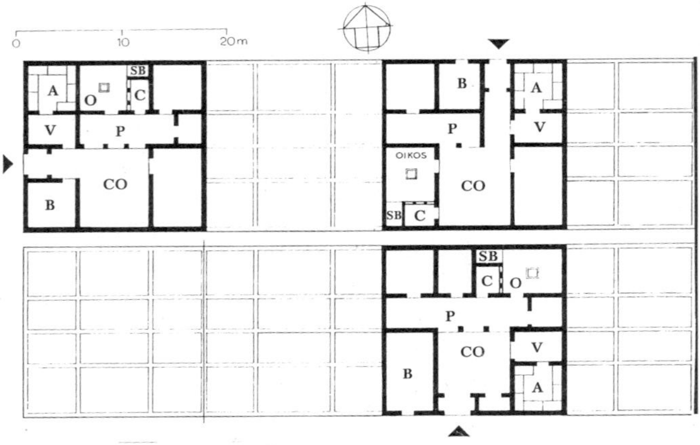

74. Maisons à *pastas* d'Olynthe, plans restitués dans l'*insula*.

A : *andrôn* à sept lits
CO : cour
O : *oikos*
C : cuisine
V : vestibule de l'*andrôn*
P : portique (= *pastas*)
SB : salle de bains
B : boutique (première moitié du IVe siècle)

maison était d'un type simple et aisément reproductible : les pièces d'habitation, dont la salle principale ou *oikos* avec son foyer, ainsi que la salle de réception des hommes, l'*andrôn* à sept lits, s'alignaient au nord sur deux niveaux ; devant ce groupement s'étendait un portique ouvert au sud, la *pastas*, qui donnait sur une cour autour de laquelle étaient réparties les pièces de service, cette fois sur un seul niveau. Accessible depuis la rue par un vestibule qui représentait généralement la seule entrée, la cour était au centre des activités domestiques et sociales **[fig. 74]** ; on y trouvait aussi un petit autel, de grandes jarres pour recueillir les eaux pluviales, voire une treille dans un coin, en l'absence de véritable jardin privatif. Quelques points communs structurels méritent encore d'être relevés : avec sa porte décentrée pour tenir compte de l'installation de lits surélevés par un socle courant le long des murs, l'*andrôn* est normalement précédé d'une antichambre ; alors qu'il n'existait pas de latrines, une petite salle de bains, pour une baignoire sabot en terre cuite, et une large cheminée donnaient toutes deux sur l'*oikos*, où se concentrait une partie des occupations journalières, les chambres à coucher étant sans doute situées à l'étage, où l'on montait par une « échelle de meunier » depuis la cour ou la *pastas*. Au sommet des murs en briques crues sur socle de pierres, murs percés de jours sinon de rares fenêtres, le toit à double pente, indispensable quand on songe à la pluviosité abondante dans le nord de la Grèce, était couvert de tuiles semi-circulaires.

Cette composition de base subit de fortes variations individuelles, qui pourraient refléter la diversité sociale, de sorte qu'aucune maison n'est exactement semblable à une autre : par exemple, le nombre des salles de réception et celui des pièces autour de la cour divergent, ainsi que leur utilisation (ouverture de boutiques sur la rue) ; le niveau décoratif est aussi plus ou moins marqué (tapis de sol en mosaïques de galets dans l'*andrôn*, murs finement stuqués et peints le plus souvent en rouge). Au début du IVe siècle apparaissent des maisons à cour péristyle, assurément plus représentatives que l'unité moyenne à *pastas*. Ce péristyle peut être la conséquence d'un remaniement, après l'achat d'une partie de la maison mitoyenne, mais on connaît aussi, dans l'extension est de la cité, de grandes maisons bâties sur ce plan, comme la riche Villa de la Bonne Fortune.

Si la maison à *pastas* ou à péristyle se retrouve ailleurs, on ne saurait parler d'un « modèle olynthien », chaque site ayant ses particularités. À Érétrie d'Eubée, deux demeures du IVe siècle – l'une, la Maison aux Mosaïques, étant tout à fait luxueuse, avec quinze pièces sur 625 m^2, dont dix à sol mosaïqué – possèdent chacune deux cours, une cour péristyle, sur laquelle donnent des salles de réception, et une seconde associée à des pièces de service. Cette disposition correspond à la description vitruvienne de la maison grecque, selon laquelle la zone des hommes et celle des femmes se trouvaient dans des parties distinctes de l'habitation, chacune jouissant d'une cour. Il n'en reste pas moins que cette séparation ne se remarque pas dans la grosse majorité des maisons grecques fouillées. Il n'y a nulle trace d'un « gynécée » ou de pièces spécialement réservées aux femmes à Olynthe, tout au plus faut-il supposer qu'elles étaient exclues de l'*andrôn*.

En tenant compte de l'existence, sur tous les sites, de plans atypiques, deux caractéristiques de l'habitat grec classique se retrouvent néanmoins partout : cette maison est fermée sur elle-même, qu'elle soit ou non articulée autour d'une cour, et le goût grandissant pour le luxe ne s'affiche pas sur la façade, dont l'aspect reste neutre.

Dans les villes anciennes, où l'urbanisme n'est pas programmé mais spontané, l'habitat est évidemment plus irrégulier, même si l'on peut signaler des schémas communs. Les maisons d'époque classique connues à Athènes, par des textes comme par les fouilles, sont de plans assez divers, la cour ne donnant pas nécessairement sur un portique. À Thasos se rencontre un type prédominant depuis le VIe siècle, avec une salle allongée construite à l'avant de deux pièces mitoyennes ; cette organisation tripartite, qui apparaît seule ou intégrée à un ensemble comprenant une cour, relève en fait de la catégorie à *pastas*.

À vrai dire, ces deux villes retiennent surtout notre attention par les règlements de voirie, édictés dès la fin du VIe siècle à Athènes et la première moitié du Ve siècle à Thasos, pour faciliter la vie en commun et le bon voisinage, certainement difficiles dans les rues étroites et tortueuses d'un habitat concentré. Les législateurs étaient soucieux d'éviter les empiétements sur la voie publique, engendrés aussi bien par des seuils que par des balcons ou des balustrades ; en l'absence de gouttières, chacun est prié d'éviter l'écoulement anarchique de l'eau sur la voie, tout en balayant devant chez lui et en faisant disparaître ses eaux usées comme ses ordures. Il n'est pas non plus permis de construire ou de planter contre le mur du voisin. Des magistrats étaient chargés de veiller à la bonne application de ces règlements, d'autres s'occupaient plus spécialement de l'alimentation en eau, afin que les fontaines et les puits publics demeurent propres.

Longtemps négligé, l'habitat rural a récemment fait l'objet d'études nombreuses. En Attique, outre des hameaux et des fermes isolées comprenant plusieurs bâtiments, existaient à l'époque classique de petits villages, où les maisons diffèrent beaucoup par la taille et l'aménagement, tandis que les salles de bains et les étages partiels ne manquent pas. Mais le résultat le plus notable de ces recherches est assurément la fréquence des tours, indépendantes ou intégrées à une habitation, qu'il s'agisse d'une ferme ou d'une maison villageoise. Ces tours généralement carrées, destinées avant tout à la défense et à la protection, paraissent être passées de mode en Attique après la période classique, alors qu'elles se conservent dans les îles (Leucade, Cyclades), plus exposées à la piraterie.

Vers une Renaissance ionienne

En Asie Mineure, les données ont changé, et il faut nous tourner vers la Lycie pour trouver au début du IVe siècle les marques de l'influence grecque, surtout attique, dans une région où les formes de l'architecture autochtone restent dominantes. Érigés sur un *podium* dérivé des piliers funéraires locaux, voire de l'architecture iranienne, et qui répond au souci d'élever le défunt au-dessus des simples mortels, deux temples-tombeaux retiennent notre attention. À Xanthos, le Monument des Néréides – ainsi nommé d'après les statues dressées entre les colonnes ioniques du péristyle – fut bâti pour un dynaste, vers 390-380 si l'on s'en tient au style des sculptures ; puis, vers 370, à Limyra, un autre dynaste choisit un temple amphiprostyle avec des caryatides en guise de colonnes. Déjà élues gardiennes du tombeau et verseuses de libations à l'Érechtheion, elles sont ici bien raides et figées.

La vraie nouveauté viendra de Pythéos, l'architecte auquel est attribuée la construction, sous l'impulsion de la dynastie carienne des Hécatomnides, du Mausolée d'Halicarnasse et de deux périptères ioniques, le temple de Zeus à Labraunda et celui d'Athéna à Priène.

Dans le cadre de la réorganisation de sa nouvelle capitale (aujourd'hui Bodrum) sur un plan quadrillé, qui paraît s'inspirer de celui implanté peu auparavant à Rhodes, avec des îlots de proportions 3:2, le grand tombeau qu'avait voulu le satrape Mausole tenait une place essentielle, par sa position avantageuse sur une vaste terrasse artificielle (242 x 107 m) en calcaire bleu, au centre de la ville, de manière à dominer l'*agora* dont le sépare un grand escalier. Rappelons que, dans le monde grec, les tombes se trouvent hors des villes ou à leurs limites, seuls les tombeaux des héros-fondateurs, qui font l'objet d'un culte, peuvent être *intra-muros.* Terminé par sa sœur-épouse Artémise après la mort de Mausole, en 353, le Mausolée d'Halicarnasse **[fig. 77]** puisait à plusieurs sources, car à celles que nous avons déjà distinguées dans les temples-tombeaux lyciens s'ajoutent les pyramides d'Égypte, et, comme ces dernières, il figure sur la liste des Sept Merveilles du monde. Démantelé au XVIe siècle, cet édifice qui eut l'honneur de devenir un nom commun et d'avoir une nombreuse descendance a souvent été restitué sur le papier, en confrontant les restes à la description de Pline l'Ancien (*Hist. nat.*, XXXVI, 30-31). Sur une plate-forme à 50 cm au-dessus du niveau de la terrasse, son plan au sol était de 32,40 x 38,50 m (soit 100 x 120 pieds), alors que sa hauteur dépassait 40 m. Le puissant *podium* contenait, au niveau de la *crépis* en marbre blanc, la chambre funéraire voûtée, avec son couloir d'accès et un système de drainage ; au-dessus, un péristyle de 36 colonnes ioniques supportait une pyramide de 24 degrés terminée par un quadrige également en marbre. Œuvre de plusieurs artistes grecs renommés, la sculpture, conservée au British Museum en 750 fragments, est omniprésente : outre trois frises, on apercevait des compositions sur des bases au pied du *podium*, des statues dans les entrecolonnements et au départ de la pyramide. Les 36 caissons du plafond étaient décorés de bas-reliefs, alors qu'au Monument des Néréides ils portaient simplement des figures peintes. Il est probable que les deux architectes en charge de la construction, Satyros et Pythéos, durent se plier à des exigences précises de Mausole.

En effet, loin de cet expressionnisme quasi baroque, l'œuvre la plus connue de Pythéos, sur laquelle Vitruve nous rapporte qu'il écrivit un traité, tient plutôt de l'épure mathématique. Avant de s'occuper de Priène, il travailla toutefois encore pour la famille de Mausole à Labraunda, où un état antérieur imposa un plan très court (6 x 8 colonnes) au temple de Zeus, qui est le premier temple grec porteur d'une dédicace faite par un particulier désireux de se faire valoir, Idrieus, le frère de Mausole ; l'exemple, qui témoigne d'un important changement dans

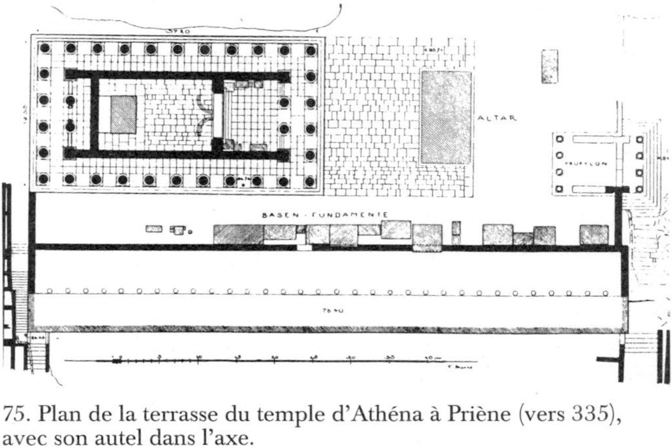

75. Plan de la terrasse du temple d'Athéna à Priène (vers 335), avec son autel dans l'axe.

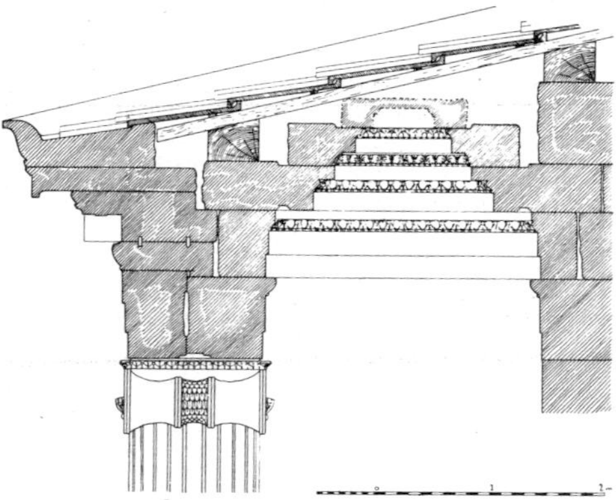

76. Coupe sur l'entablement et le plafond à caissons du temple d'Athéna à Priène.

la vie politique et sociale, sera largement suivi. De Carie, Pythéos passa à Priène, refondée au milieu du IVᵉ siècle sur un plan orthogonal d'après les axes cardinaux, malgré la forte dénivellation du site, à laquelle s'adapte le tracé en crémaillère des murailles. C'est donc dans le cadre d'une planification générale, par *insulae* et par fonctions, que furent choisis l'emplacement et la taille de l'*agora*, du théâtre, et surtout de la terrasse du temple d'Athéna Polias **[fig. 75-76]**, en un point dominant au nord-ouest de la ville. La zone de ce petit (19,53 x 37,13 m au stylobate) périptère ionique occupe la valeur de deux *insulae*, entre deux rues nord-sud et au-dessus de la rue principale est-ouest. Le module étant l'entraxe composé de 12 pieds de 29,45 cm, soit le 1/10 de la largeur d'une *insula*, les dimensions du temple s'expriment dans des proportions simples et claires : avec ses 6 x 11 colonnes, le stylobate représente 60 x 120 pieds, soit un rapport 1:2, qui se retrouve ailleurs. Si de vieux motifs ioniens sont repris, comme le *pronaos* profond, les bases de colonnes archaïsantes, les denticules, Pythéos n'a pas hésité à introduire des idées doriques : un opisthodome – le premier dans cette région –, deux colonnes *in antis* et des murs sans socle mouluré. Mais la construction traîna faute de ressources, si bien qu'en 334 Alexandre le Grand fit connaître son intention de donner le nécessaire pour terminer les travaux ; ils ne purent réellement s'achever que vers le milieu du IIe siècle, date à laquelle on installa encore, dans l'axe du temple, un autel monumental de type pergaménien.

Pythéos ne vit donc pas le temple d'Athéna terminé, avec les figures de ses caissons en place, et nous ne saurons jamais s'il fut également à l'origine du plan de Priène,

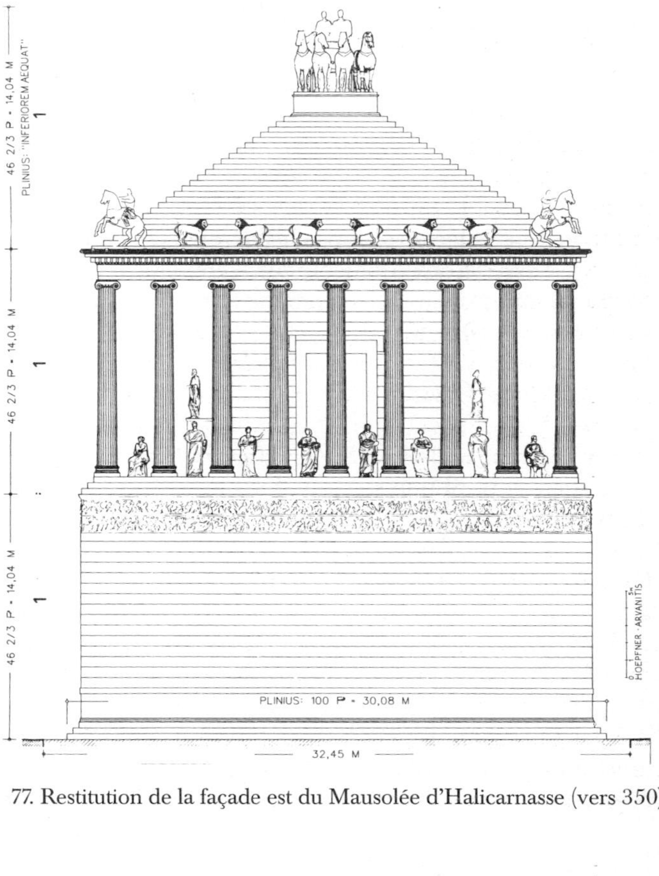

77. Restitution de la façade est du Mausolée d'Halicarnasse (vers 350).

comme on l'a supposé d'après son goût manifeste pour l'harmonie des nombres et des proportions. En effet, l'analyse approfondie de ses trois œuvres principales révèle, au-delà des divergences (comme l'utilisation de pieds différents), d'étonnantes similitudes. À côté du maillage, dont le module est toujours l'entraxe, on remarque un rapport de 5:8 entre le diamètre inférieur de la très mince colonne et la hauteur de l'entablement, et surtout les dimensions principales des chapiteaux ioniques : hauteur / profondeur / largeur, s'inscrivent dans le rapport 1:2:3, une proportion qui sera constamment adoptée par la suite, jusqu'à la Renaissance. En somme, les rapports simples semblent être une caractéristique de cette architecture. Enfin, l'idée d'implanter ces trois bâtiments sur des terrasses artificielles doit être rattachée à l'architecture en terrasses pratiquée en Lydie et en Ionie dès les VIe et Ve siècles, plutôt qu'à une influence possible du sanctuaire de Delphes, où la configuration accidentée du site avait également conduit à bâtir pour le « temple des Alcméonides » une grande terrasse soutenue par un mur en magnifique appareil polygonal à joints courbes **[fig. 42]**.

La Grèce d'Occident

En Italie du Sud et en Sicile, la grande période de la construction publique se situe dans la première moitié du Ve siècle. Mais les datations restent presque aussi imprécises et relatives que pour les siècles précédents, faute de sources textuelles et de repères chronologiques assurés, à l'exception de la victoire d'Himère en 480 et de l'invasion de la Sicile par les Carthaginois entre 409 et 405, qui marque la fin de l'architecture sacrée monumentale.

L'héritage ionien ne s'est pas tari, puisque plusieurs temples purement ioniques sont connus pour cette époque. À Locres, celui du sanctuaire de Marasà **[fig. 78]**, en cal-

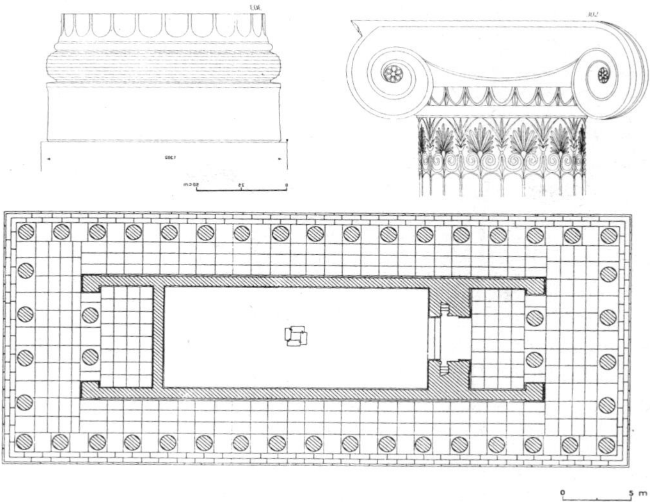

78. Plan, base et chapiteau du temple ionique de Locres-Marasà (460-430).

caire blanc local[13], alors que les belles sculptures de fronton sont en marbre, fut bâti entre 460 et 430 sur la base d'un pied samien de 29,3 cm ; il mesurait 19,08 x 45,47 m à l'assise de réglage, pour un plan déjà classique avec *pronaos* et opisthodome, mais sans supports internes dans la *cella.* Les 6 x 17 colonnes de sa *péristasis* s'élevaient sur une base de type « samien » superposant plinthe et tore ; sous le large chapiteau à volutes, avec balustres à feuilles imbriquées, le fût était ceint d'une bande de palmettes et de fleurs de lotus polychromes, que l'on retrouve autour de la porte, et au-dessus de l'architrave à trois fasces régnaient des moulurations d'oves et des denticules. Au nord de l'aire sacrée de Métaponte, le temple D, daté vers 470, conserve un plan

13. D'après des analyses pétrographiques de 1996. Tous les livres antérieurs qui traitent de l'architecture coloniale y voient du calcaire de Syracuse et englobent le temple de Locres dans un groupe syracusain.

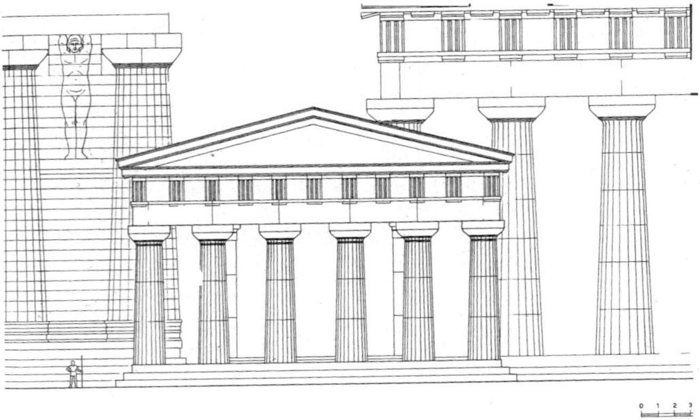

79. Façade restituée de l'Athénaion dorique de Syracuse (vers 475), comparée à la hauteur de l'Olympieion d'Agrigente (à g. ; Ve siècle) et à celle du temple G de Sélinonte (Apollonion ; vers 500-fin du Ve siècle).

archaïsant mesurant 14,65 x 38,40 m au stylobate : son profond *pronaos* et sa *cella* étroite, toujours sans supports internes, sont entourés d'une *péristasis* pseudo-diptère de 8 x 20 colonnes. Sur des bases à gros tore débordant, les fûts se terminent par une bande de vagues et de méandres sous des chapiteaux à amples volutes qui enserrent une échine aux oves très allongés ; l'architrave n'a que deux fasces mais les astragales et les *kymations* ioniques sont largement présents, ainsi qu'une grande frise à lotus et palmettes sous les denticules.

Cette mode ionique de style libre, dont témoignent encore le temple d'Athéna sur l'acropole de Vélia, un autre à Hipponion en Calabre et les restes immergés d'un troisième à Caulonia, où il faut aussi supposer une officine samienne, est toutefois dépassée par le courant dorique qui caractérise les autres édifices de cette époque, dont certains illustrent la politique de prestige menée par les Deinoménides. La tyrannie étant apparue plus tard en Occident qu'ailleurs, c'est seulement en 485 que Gélon, fils de Deinoménès, se rendit maître de Syracuse, après avoir dominé Géla, et grâce à sa force militaire il put remporter en 480 une victoire décisive à Himère face aux Carthaginois. Selon l'historien Diodore de Sicile (*Bibliothèque historique*, XI, 26, 2), deux temples furent alors construits, que l'on suppose être ceux de Syracuse (intégré dans l'actuel Duomo) et d'Himère **[fig. 79-80]**, analogues par leurs dimensions, les harmonieuses proportions d'ensemble, et leur *péristasis* de 6 x 14 colonnes avec une double contraction angulaire sur les quatre côtés – mais celui de Syracuse se distinguait par un toit en marbre des Cyclades. Ils étaient sans doute tous deux dédiés à Athéna, la déesse principale d'Himère, et il est permis de leur adjoindre un troisième édifice de proportions semblables, le temple C de Géla, consacré par Hiéron, frère de Gélon, voire par son cadet et successeur Polyzalos, celui-là même qui offrit à l'Apollon de Delphes le célèbre aurige en bronze, tandis que Gélon et Hiéron lui élevèrent des bases de trépieds jumelles. La victoire d'Himère fut également le prétexte de la construction du trésor de Syracuse dans le sanctuaire d'Olympie.

C'est peut-être Théron, beau-frère de Gélon et tyran d'Agrigente, qui, afin de ne pas être en reste, aurait profité de ses ressources financières pour commanditer dans

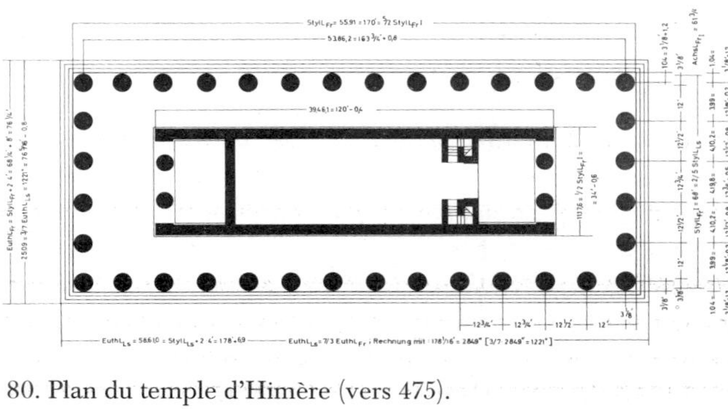

80. Plan du temple d'Himère (vers 475).

sa ville un Olympieion colossal (52,85 x 110 m au stylobate, sur cinq degrés à la *crépis*), l'actuel temple B, jamais achevé. Ses atlantes, hauts de 7,65 m, pourraient alors symboliser l'asservissement de Carthage et le grand nombre de prisonniers carthaginois affectés au chantier. En 1899, la restitution de R. Koldewey et O. Puchstein installait ces atlantes entre les 7 x 18 demi-colonnes doriques du pseudopéristyle fermé **[fig. 79]**, mais cette image généralement acceptée, bien qu'insolite, est sujette à caution : les atlantes seraient sans doute plus à leur place dans la *cella*, comme ordre d'étage pour supporter le toit en partie découvert, selon la proposition de l'architecte Ch. Cockerell au début du XIXe siècle.

Rien de tel à Sélinonte, où la conception du temple E (d'Héra), daté des années 460 par le style de ses métopes, a pu être influencée par le temple d'Héraclès à Agrigente : avec le même nombre de colonnes extérieures encore trapues (6 x 15, pour 25,31 x 67,75 m au stylobate), et le même genre d'escalier monumental au front, il conserve un *adyton* en plus de l'opisthodome **[fig. 58]**. Peu après, le temple A s'en tient à ce plan traditionnel, mais les proportions générales sont plus classiques et la *péristasis* est réduite à 6 x 14 colonnes, un rapport désormais usuel en Occident, contre 6 x 13 en métropole.

Pendant ce temps, près de la « Basilique » de Poséidonia, le temple dit « de Neptune » (Héra II ?) correspond à une phase mûre de l'ordre dorique, avec ses 6 x 14 colonnes sur un stylobate couvrant 24,31 x 59,96 m, qui entourent une *cella* à trois nefs – la seule de ce type en Occident –, augmentée d'un *pronaos* et d'un opisthodome. La précision de l'exécution est extrême et les raffinements de courbure sont très présents, du stylobate au larmier. Même si une influence directe du temple de Zeus à Olympie n'est guère plausible, une date peu avant le milieu du Ve siècle est suggérée pour celui de Poséidonia en raison d'indéniables ressemblances entre les deux édifices. Mais celles-ci ne concernent pas les proportions des colonnes, qui se plient à la coutume très coloniale d'un certain refus de la sveltesse : en effet, le rapport hauteur / diamètre inférieur n'atteint que 4,20.

Alors que la série des temples sélinontins, répartie sur deux collines, s'aligne sur le système planimétrique de la cité, la séquence de temples semblables bâtis sur la Collina dei Templi d'Agrigente, entre la chute du dernier tyran et la fin de la splendeur de la ville en 406, s'insère dans un programme urbanistique plus complexe et original, mais assurément tout aussi coûteux. C'est le temple L qui doit être le plus ancien, avec son autel orné de triglyphes – un type représenté en Occident depuis le milieu du VIe siècle – ; il est suivi de celui dit « d'Héra » ou « Junon Lacinia » (D), qui semble avoir servi de modèle aux autres, dits « de la Concorde » (temple F) et « des Dioscures » (I) **[fig. 23]**. Resté inachevé à cause de l'attaque carthaginoise en 406, le temple d'Héphaistos est le plus récent et le plus mal conservé. Notons que la rampe d'escalier monumentale qui menait au front du vieux temple A se retrouve sur les temples D et F, tout comme les escaliers que nous avons déjà vus à l'entrée du *naos*. Pour le reste, étant tous de taille moyenne et relevant du même esprit rationnel sinon du même chantier, grâce à un modèle reproductible qui utilise des figures et des rapports mathématiques simples, à partir d'un grand nombre de rectangles, les nouveaux monuments agrigentins montrent clairement que l'esprit créateur de l'époque archaïque est bien mort.

Mais il n'est pas interdit de ressentir plus d'émotion devant le temple de Ségeste, qui dresse sur quatre degrés sa masse imposante (23,13 x 58,04 m) dans la solitude d'un cirque de collines, au nord-ouest de la Sicile. Après le temple A de Sélinonte et un autre à Caulonia, c'est le plus grand d'Occident. Sans doute est-ce là aussi l'invasion carthaginoise qui entraîna l'arrêt du chantier confié à des Grecs par les « barbares » Élymes. De sorte que nous pou-

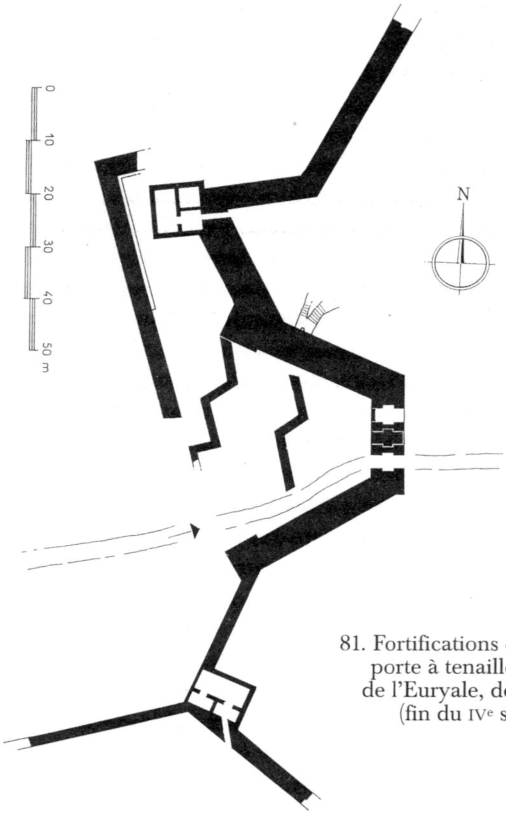

81. Fortifications de Syracuse, porte à tenaille au pied de l'Euryale, dernier état (fin du IVe siècle).

vons aujourd'hui vérifier sur cet édifice l'ordre de la construction – la *péristasis* est montée avant les murs de la *cella* – et les techniques de préparation des surfaces avant le ravalement, sans oublier la magnifique courbure du stylobate. Avec la subtile précision de son travail, qui trahit des influences attiques, c'est le dernier périptère sicilien de l'âge classique, un temple de Taormine et le deuxième temple d'Apollon à Cirò étant les seuls périptères occidentaux d'époque hellénistique.

La guerre quasi continuelle n'explique pas seulement la destinée de plusieurs temples siciliens, elle est aussi à l'origine du développement des fortifications dans cette région. On sait que la prise d'Agrigente par les Carthaginois permit à un certain Denys de s'emparer du pouvoir en 405 à Syracuse où, suivant une méthode chère depuis longtemps aux tyrans, il lança de grands travaux qui avaient l'avantage d'occuper le peuple. Gymnases, portiques, mais surtout de puissantes murailles pour faire face aux Carthaginois, sur l'îlot d'Ortygie et sur le plateau des Épipoles, ainsi qu'à l'Euryale **[fig. 81]**, une forteresse qui verrouillait l'accès à la ville avec sa grande porte à tenaille et ses souterrains : jusqu'à sa mort en 367, Denys ne fit chômer ni ses architectes ni les habitants. Outre Syracuse furent fortifiées, à partir de la fin du Ve siècle, les villes proches, Tyndaris, Léontinoi ; au même siècle remonte le premier état des murailles de Sélinonte, renforcées dans le courant du IVe siècle. Si l'allure d'ensemble est encore modeste, la technique des murs à caissons, qui relie les deux parements en pierres de taille par des murets transversaux, pourrait bien revenir aux ingénieurs de Denys, comme les tours à division interne. C'est aux mêmes ingénieurs qu'on attribue l'invention de la catapulte, abritée dans des tours mobiles charpentées que les assaillants approchent des remparts. De son côté, l'Italie du Sud n'était pas en reste : on crée des murailles à Naples dès la fondation de la ville, au début du Ve siècle, tandis qu'on les renforce ou les développe à Vélia, avec des murs transversaux (*diateichisma*), dans la première moitié du Ve siècle, et l'on fait de même à Marseille au IVe siècle. Au total, nous avons des raisons de penser qu'au Ve siècle toutes les cités de l'Occident avaient des fortifications, même si toutes ne sont pas documentées.

Parmi les autres grands travaux édilitaires, il faut signaler l'alimentation en eau de cités comme Agrigente, Syracuse et Sélinonte, par un important réseau de galeries souterraines, également dès le Ve siècle, semble-t-il. Pour l'habitat, c'est la ville d'Himère qui est la mieux connue.

Le réseau urbain y formait de longs îlots larges de 100 pieds sur la base du pied dorique de 32,6 cm ; à l'intérieur de l'*insula,* chaque parcelle construite, délimitée par des ruelles, atteignait 49 x 49 pieds, soit 256 m^2. Mais bien que toutes les pièces s'organisent autour d'une cour sans colonnade, ces maisons ne se ressemblent guère, et la destination des espaces est souvent difficile à déterminer, comme dans les habitations du Ve siècle fouillées à Naxos. En revanche, à Sélinonte, ont pu être déterminées récemment les limites et les particularités d'un grand quartier résidentiel de la même époque, qui compte environ 900 unités-types d'habitation, couvrant chacune 220 m^2 ; la qualité de la construction, avec des murs en appareil isodome, parfois mitoyens, y est exceptionnelle et l'ensemble attend son explication, dans l'ignorance où nous sommes de l'histoire politique de la cité : faut-il y voir les indices d'une redistribution de la propriété, un siècle et demi après la fondation de Sélinonte ?

6

L'époque hellénistique
(323-31)

L'esprit hellénistique

Pour les historiens, l'âge hellénistique commence à la mort d'Alexandre le Grand en 323, qui marque l'expansion de la culture grecque jusqu'aux confins du monde connu – un phénomène qui ne touche pas les campagnes mais reste exclusivement urbain, avec la fondation de plus de soixante-dix villes nouvelles. Mais, pour les historiens d'art et les archéologues, cette date de 323 est purement conventionnelle, tant il est vrai que l'esprit hellénistique a des racines profondes. Comme nous le verrons, il n'est pas homogène et présente des variations d'un siècle à l'autre, d'une région à l'autre. Et la bataille d'Actium, en 31, ne consacrera pas d'un coup l'entrée de la Grèce dans l'orbite romaine, puisque le pays est passé *de facto* et progressivement sous la domination de Rome dès la première moitié du IIe siècle ; de toute façon, Actium ne signifie pas la fin des formes grecques.

Dans le domaine de l'architecture nous avons relevé, dès la fin du Ve siècle et surtout dans la première moitié du IVe, bien des signes de l'abandon progressif de l'esprit classique, fonctionnel et rationnel. Le goût grandissant pour les demi-colonnes et les ordres d'applique va de pair avec

82. Le Monument de Lysicrate (335-334) vers 1870.

l'importance accrue de tout ce qui relève du décor et de la façade en général. À présent, il s'agit d'impressionner, de détourner l'attention de la structure par la multiplication des effets. Pour la même raison, les courbes prennent peu à peu autant d'importance que les lignes droites, avec l'arrivée en force des exèdres semi-circulaires, des niches, des absides et des arcs clavés ou arcatures, des rotondes en tout genre : il faut alors distinguer un grand édifice comme l'Ar-

83. Restitution de la citadelle et de la terrasse du théâtre à Pergame.

sinoeion de Samothrace, dont le toit conique à tuiles en écailles a nécessité une charpente complexe, des petites *tholos* monoptères très décoratives qui se rencontrent un peu partout aux époques hellénistique tardive et impériale, l'exemple le plus ancien étant le gracieux monument élevé en 335-334 à Athènes sur la voie des Trépieds, par le chorège vainqueur Lysicrate **[fig. 82, 84]**. Il fait appel aux rin-

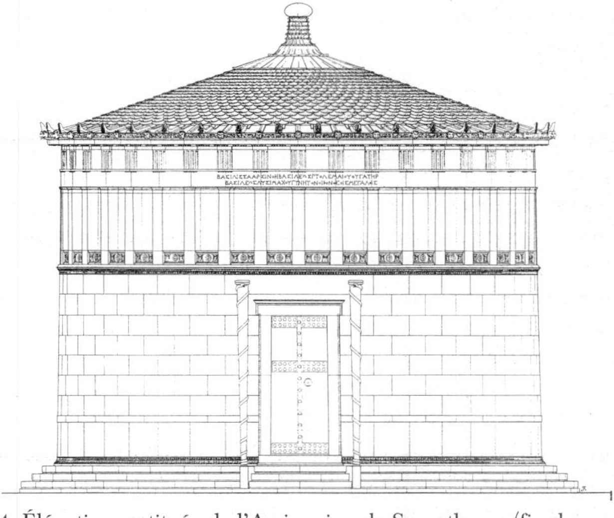

84. Élévation restituée de l'Arsinoeion de Samothrace (fin du IIIe siècle).

ceaux d'acanthe et aux chapiteaux corinthiens désormais triomphants, comme le fera à la fin du IIe siècle la Tour des Vents d'Athènes, cette horloge hydraulique qui est un des premiers exemples grecs de bâtiment octogonal, prouvant que la créativité n'est pas tarie.

La statuaire participe plus que jamais à ce mouvement décoratif, avec des mises en scène pathétiques : on imagine bien l'effet que devait produire la Victoire de Samothrace juchée sur sa proue dominant le sanctuaire des Cabires, de manière à être visible au sommet de la *cavea* du théâtre.

Caractérisées par l'affaiblissement des anciennes cités, qui cèdent le pouvoir à des monarchies indépendantes et à une riche bourgeoisie, les nouvelles conditions politiques et sociales orientent clairement l'activité architecturale. Si Alexandre le Grand s'intéresse encore à la construction ou reconstruction de temples, à Priène ou à Éphèse, et si son père Philippe II avait offert une *tholos* dynastique, le Philippeion, au vieux sanctuaire d'Olympie, par la suite les constructions profanes, d'une étonnante diversité et souvent de petit format, prendront nettement le pas sur les édifices cultuels, relégués au second plan. Pour sa part l'habitat, qui traduit désormais la hiérarchie sociale, poursuit sa quête incessante de luxe et d'apparat, dont les palais royaux, les *basileia,* représentent l'aspect à la fois le plus achevé et le plus complexe.

85. Chapiteau de l'Artémision de Sardes (début du IIe siècle).

Du point de vue technique, il ne fait pas de doute que ces constructions dénotent une dégradation croissante de la qualité du travail. Les artisans se préoccupent de moins en moins des détails, surtout dans les parties peu ou non visibles, souvent laissées lisses ou inachevées. Mais l'importance accordée aux scellements est à l'origine de la généralisation, à partir de la fin du IIIe siècle, du canal horizontal de coulée du plomb, à partir de la lisière des blocs, pour renforcer les divers tenons et goujons internes. En définitive, l'époque est avant tout éclectique : on n'hésite pas à superposer une corniche ionique et un entablement dorique, ce qui permet de se passer des mutules, et si les chapiteaux ioniques de la Salle hypostyle de Délos n'ont pas été sculptés, c'est au contraire l'amour du décor qui explique, sur d'autres sites, la surcharge de multiples motifs sur les chapiteaux **[fig. 85]**, et jusque dans les balustres.

Urbanisme et architecture militaire

Les guerres presque incessantes qui se déroulent à présent dans tout le bassin méditerranéen justifient l'existence de fortifications autour de toutes les villes, à l'exception du cas très particulier de Délos, île sacrée protégée par Apollon. Les anciennes cités s'appliquent à réparer, renforcer ou améliorer leurs murailles, tandis que les nombreuses villes nouvelles en sont systématiquement dotées. Et les citoyens sont si conscients de l'importance des fortifications qu'ils répondent volontiers aux souscriptions publiques lancées en leur faveur[14].

Dans l'Orient hellénisé, les briques crues et le pisé restent les matériaux privilégiés, par tradition locale (Aï-Kha-

---

14. Les souscriptions publiques sont un moyen de financement de la construction utilisé surtout en période de paix et de prospérité, alors que les emprunts publics, plus rares, reflètent une situation d'urgence : voir L. MIGEOTTE, *Les souscriptions publiques dans les cités grecques* (Genève / Québec, 1992).

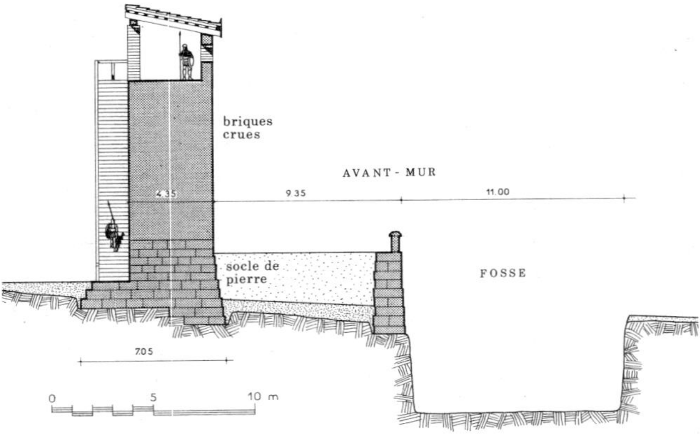

86. Restitution des murs d'Athènes à la fin du IVe siècle, dans la région du Dipylon.

noum, Bégram, Taxila), contrairement à ce qui se passe en Asie Mineure et en Grèce même, où sont disponibles des pierres de bonne qualité.

En Grèce, un exemple très bien documenté est celui du site thessalien de Goritsa (son nom antique reste inconnu[15]), fondé dans la seconde moitié du IVe siècle et abandonné dès le milieu du IIIe, peut-être à cause de la concurrence créée par la fondation voisine de Démétrias, vers 293. Alimentée en eau par un aqueduc et des citernes, la ville était bâtie sur un plan orthogonal rappelant celui d'Olynthe, avec deux zones publiques réservées. Divisés par un mur médian, les îlots allongés contenaient chacun deux maisons carrées du type à *pastas*. L'enceinte, qui exclut des tombes et un petit sanctuaire, comprend deux parties, l'acropole fortifiée et un système plus large, indépendant de celle-ci, comme il arrive sur plusieurs autres sites. Muni de trente-trois tours puissantes mais seulement de trois

15. S. C. BAKHUIZEN coord., *A Greek City of the Fourth Century B.C. by the Goritsa Team* (Rome, 1992).

portes et deux poternes, cet ensemble n'est pas typique d'une ville ordinaire, il évoque plutôt un camp sur la défensive. Le grand développement de l'architecture militaire est d'ailleurs un trait propre à la Thessalie et aux régions voisines, sans doute parce que les conflits entre cités y étaient particulièrement fréquents ; en revanche, le temple périptère monumental y est très rare et n'apparaît pas avant le IVe siècle.

S'il est assuré que l'aspect perfectionné d'une fortification n'est pas le gage d'une date récente, il n'en demeure pas moins que les nouvelles constructions essaient de tenir compte des machines de siège désormais sophistiquées, surtout les tours mobiles qui portent des catapultes de plus en plus puissantes. D'où la multiplication progressive des poternes, bien protégées par des tours ou des décrochements, et le tracé en crémaillère devient courant de l'Illyrie à l'Asie Mineure en passant par la Cyrénaïque, car il permet d'économiser des tours. Également pour dynamiser la défense, d'autres tours très hautes cachent des batteries d'artillerie, qui font face à celles des assaillants. En 307-306, le devis des remparts d'Athènes montre comment le chemin de ronde est à présent mieux abrité par une toiture, les petites fenêtres étant fermées par des volets **[fig. 86]** ; au-delà de cette muraille, une terrasse bordée d'un parapet constituait un avant-mur précédé d'un large fossé. Ce renforcement des enceintes est particulièrement frappant en Asie Mineure, ainsi à Rhodes et surtout à Sidè ou à Pergè, où une plate-forme postérieure à arcades délimite des casemates. D'une manière générale, l'Asie Mineure se distingue, à cette époque, par la qualité comme par l'extension et la complexité de ses fortifications, qui semblent répondre plus souvent à une volonté d'affirmer puissance et indépendance qu'à un strict souci défensif. Comme les Grecs ne dissocient jamais le fonctionnel de l'esthétique, il s'agit aussi d'embellir la ville, par de superbes parements à bossages ou des portes à arc clavé.

Pour sa part, la défense du territoire est assurée par un système de tours et de forteresses isolées, voire de fermes ou de résidences fortifiées (en Carie).

À l'intérieur des agglomérations qui se croient ainsi à l'abri, alors que la poliorcétique, l'« art de prendre les villes », a toujours une longueur d'avance, l'habitat est plus dense que jamais. Les règlements d'urbanisme ou de voirie édictés dès la fin de l'époque archaïque, et dont nous connaissons plusieurs versions au fil des siècles, se révèlent bien nécessaires : chacun est prié de réparer les murs mitoyens, d'enlever les ordures devant sa porte, de contrôler le rejet des eaux de pluie et de ses eaux usées. L'alimentation en eau est un problème crucial, dont se préoccupent les autorités, car elle ne doit pas manquer en cas de siège. Bien sûr, dans ce genre de villes il n'est pas question d'« espaces verts » ; les jardins sont inévitablement rejetés à la périphérie, les plantations de l'*agora* d'Athènes étant une exception notable.

Il convient de s'attarder sur l'aménagement de ces *agoras*, qui connaît une évolution. Athènes fait partie de ces vieilles villes qui se sont étendues anarchiquement sur un plan centrifuge à partir d'une acropole, dans un lacis de rues pour la plupart étroites et malcommodes. Dans la première moitié du Ve siècle, la bordure ouest de l'*agora* avait reçu une *tholos*, pour les repas des prytanes et de leurs hôtes de marque, puis jusqu'au IIe siècle on ne distingue aucune planification. Vers 300, la zone nord-est est occupée par un grand « Péristyle carré », interprété comme un tribunal, et divers édifices, qui gardent chacun leur indépendance, sont juxtaposés sur les bordures ouest et sud : la vaste *stoa* de Zeus Éleuthérios, à avant-corps latéraux, un nouveau petit temple prostyle d'Apollon Patrôos, avec une chambre accolée, un nouveau *bouleutérion* à gradins semi-circulaires, une fontaine à bassin en L à côté de l'ancienne cour de justice (l'Héliée) et un grand Portique sud. Au milieu du IIe siècle, la cité, qui a malgré tout gardé une

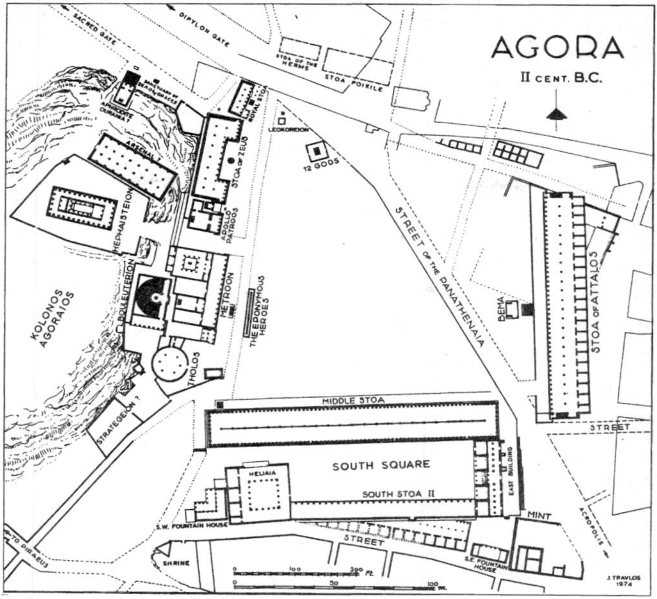

87. L'*agora* d'Athènes à la fin de la période hellénistique.

certaine importance, lance un programme visant à régulariser l'espace et à le rendre plus monumental par des portiques judicieusement disposés pour se répondre **[fig. 87]**. À la place de l'ancien *bouleutérion*, le Métrôon et des pièces adjacentes sont reliés par une large colonnade de façade pour réaliser un centre d'archives ; les éléments démontés du « Péristyle carré » servent pour un nouveau Portique sud et, en parallèle, un Portique médian à murs-écrans, afin d'organiser un espace à fonction peut-être juridique ; enfin la bordure est se trouve bien délimitée par le grand Portique d'Attale II (159-138), à deux étages, deux nefs et vingt et un magasins commerciaux à l'arrière, aujourd'hui reconstruits **[fig. 90]**. Comme son frère Eumène II (197-159) l'avait fait pour une très longue *stoa*

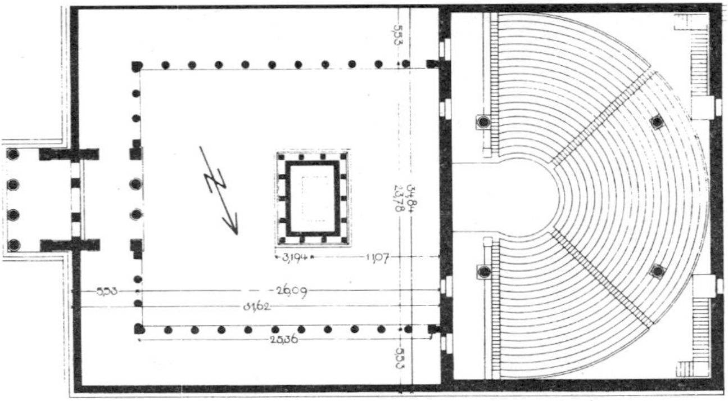

88. Plan restitué du *bouleutérion* de Milet (vers 170).

élevée près du théâtre de Dionysos **[fig. 62, *n°10*]**, le roi de Pergame avait exporté ses artisans et des particularités architecturales locales, tels les chapiteaux en calice à couronne de palmes, qui rappellent un vieux modèle ionien.

L'idée, qui n'est évidemment pas désintéressée, est typique de l'époque : un monarque manifeste sa bienveillance envers une cité en lui offrant une *stoa*, dans un endroit bien en vue, et de préférence avec une dédicace gravée. L'ordre dorique y est omniprésent, sauf à l'étage s'il y en a un. Lorsque le portique contient des boutiques ou des ateliers, il produit des revenus utilisés pour son entretien ou pour d'autres travaux, et le tout profite aux sanctuaires comme aux a*goras.* À Milet, Antiochos Ier avait déjà fait édifier vers 300 une *stoa* longue d'un stade (soit 189,20 m), à trente-neuf magasins, pour créer la bordure est de l'*agora* sud. À partir du IIe siècle, en Asie Mineure, le système se perfectionne : ce ne sont plus des portiques isolés et en relation avec les voies de circulation qui sont bâtis, mais un ensemble de portiques coudés qui font de ce type d'a*gora* fermée, justement dite « ionienne », une sorte de cour péristyle plus ou moins coupée de l'espace avoisinant. Les architectes de la région avaient même inventé pour l'angle rentrant de ces portiques doriques en L un beau type de support qui se diffusera jusqu'en Afghanistan et en Afrique du Nord : le pilier cordiforme, fait de deux demi-colonnes conjointes adossées à un pilier carré.

Athènes, trop conservatrice, n'atteindra jamais ce stade ultime de régularisation et de cohérence, bien visible à Milet (dans l'état final de l'*agora* sud et du Marché nord) **[fig. 89]**, à Priène, à Magnésie du Méandre **[fig. 18]** et même à Délos (« *agora* tétragone »), avec un peu moins de rigueur, car sans cadre urbanistique modulaire. Dans plusieurs villes d'Asie Mineure, un imposant *bouleutérion*, généralement à gradins semi-circulaires, est alors inséré dans ce vaste programme où s'épanouit le mécénat ; l'un d'eux **[fig. 88]**, à côté du Marché nord de Milet, a été offert vers 170 par deux frères actifs à la cour séleucide.

L'urbanisation étant au centre de la politique des successeurs d'Alexandre, le plan quadrillé plaît et s'impose pour les villes nouvelles en Grèce (Antigonéa et Cassopè d'Épire, Démétrias en Thessalie) et au-delà (Ptolémaïs en Cyrénaïque, Alexandrie d'Égypte, où Ptolémée II [285-246] commanda à l'architecte Sostrate de Cnide le fameux

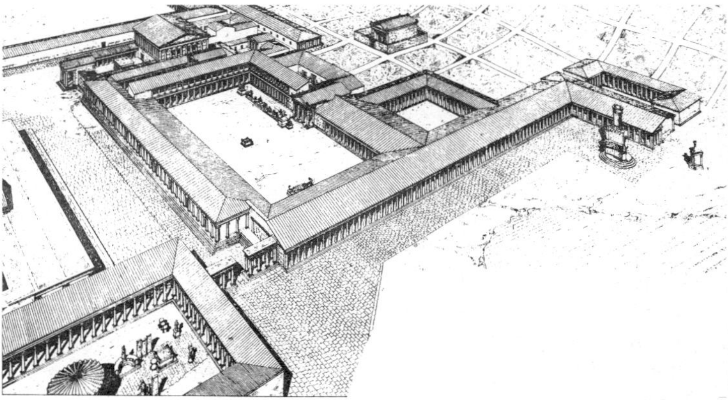

89. Restitution du Marché nord de Milet (IIe siècle ap. J.-C.).

phare à trois étages), comme pour les colonies militaires de Syrie (Apamée, Doura-Europos) ; souvent même on le voit dans une zone récente d'une ville ancienne (quartier nord de Délos). Il implique la spécialisation des espaces, d'où parfois deux voire trois *agoras*, liées aux sanctuaires et aux bâtiments administratifs ; en tout cas, la présence fréquente d'une *agora* commerciale témoigne bien de l'importance primordiale de cette fonction dans les villes hellénistiques.

Mais le goût pour une architecture de prestige peut aussi entraîner, sur un terrain accidenté, le choix d'un urbanisme en terrasses irrégulières. En occupant les pentes d'une colline qui culmine à 335 m, Pergame illustre à merveille cette conception bien développée par la suite dans quelques sanctuaires romains, tel celui de Préneste. Alors que le premier état des fortifications de Pergame, qui suit le relief, remonte au VIIIe ou VIIe siècle, Lysimaque cède vers 302 la gestion de la forteresse à Philétairos, dont l'activité édilitaire ne se réduira pas à cette citadelle **[fig. 83]**. Ses des-

90. Façade restaurée du portique d'Attale à Athènes (milieu du IIe siècle) : les ordres dorique et ionique superposés.

91. Dans le gymnase de Delphes, la piscine et la palestre devant le portique du xyste (vers 330). Maquette de M. et T. Kožel, 1988.

cendants, Eumène et Attale, verront encore plus grand, et c'est finalement dans la première moitié du IIe siècle que la cité a pris son nouveau visage. Au sommet, à côté des arsenaux et des maisons à péristyle formant l'ensemble palatial, se trouve le sanctuaire d'Athéna, dont dépend la bibliothèque, et un axe visuel met le temple d'Athéna en relation avec un grand *tumulus* situé 3 km plus bas. Au niveau immédiatement inférieur, la ville haute rassemble très symboliquement le sanctuaire du culte des souverains, la terrasse du Grand autel, le théâtre adossé à la colline et sa terrasse retenue par de puissants contreforts, longue de 246,50 m et terminée par le petit temple ionique de Dionysos, enfin l'*agora* supérieure et ses portiques. En comptant 15 à 20 m de dénivellation entre chacune des terrasses, organisée pour elle-même, c'est bien plus bas que se situe une nouvelle extension de la cité, où s'étalent, reliés par d'étroites rues en escalier, le sanctuaire de Déméter, trois niveaux de gymnases, des maisons à péristyle étagées, enfin l'*agora* commerciale. Le complexe de l'Asclépieion, qui sera agrandi à l'époque romaine, se voit dans la plaine. Cette implantation parfois dite « scénographique », avec des portiques sur plusieurs niveaux et sur divers axes, se retrouve à Aigai de Mysie, une ville reconstruite par Attale II. La portée idéologique de l'ensemble pergaménien ne fait pas de doute : toute la structure urbaine, administrative et religieuse, est dominée par l'image des hauts faits du souverain et de sa famille, au point que l'on a pu refuser le rôle de véritable « autel » au Grand autel (36,44 x 34,20 m), considéré en dernier lieu comme un monument de victoire daté des années 170. Assurément, ce genre de vaste bâtiment en *pi*, sur *podium*, procède d'une tradition archaïque ionienne, mais ici la primauté est donnée à un décor très particulier : outre deux frises (une Gigantomachie et une Téléphie), des statues de divinités sur le toit et soixante-treize statues féminines dans les entrecolonnements, qui pourraient personnifier les villes du royaume de Pergame, des encastrements étaient prévus sur la table du pseudo-autel, peut-être pour des figures de vaincus.

Sanctuaires

Le conservatisme domine toujours : dans les anciens sanctuaires, on s'applique surtout à entretenir, réparer, sinon complètement reconstruire les vieux temples. À Thermos, le temple d'Apollon du VIIe siècle est même remonté à l'identique, avec colonnade axiale, supports et entablement en bois, pour lui faire jouer le rôle de monument historique dans un sanctuaire transformé en *agora* sacrée pour la nouvelle confédération étolienne (IIIe siècle). Autre lieu, autre style : à Athènes, le roi Antiochos IV de Syrie (175-164) assuma la reconstruction du grand Olympieion hypèthre **[fig. 24]**, sans en voir l'achèvement. Sensible, comme les rois de Pergame, à l'architecture utilisée comme moyen de propagande personnelle, il avait fait appel à un architecte italien, Cossutius, qui sut se montrer à la fois novateur et connaisseur des formes grecques traditionnelles. En effet, ce premier temple purement corinthien, riche de cent quatre colonnes réparties en deux rangées sur les longs côtés et trois en façade, a gardé l'*adyton* du plan ancien, cependant que les beaux chapiteaux corinthiens reproduisent le modèle de la *tholos* d'Épidaure, sous des architraves et des caissons de type classique.

Toutefois c'est surtout l'Asie Mineure, riche en marbres, qui continue à être le théâtre de vastes chantiers. Alors que l'Héraion de Samos n'évolue pas vraiment, la reconstruction du temple d'Apollon à Didymes, incendié par les Perses, est une gigantesque entreprise qui occupera plusieurs architectes à partir de 334, et même la munificence d'Hadrien, l'empereur philhellène et bâtisseur, ne permettra pas de voir ce géant achevé. Le plan antérieur a été repris, mais agrandi : la *crépis* est passée à sept degrés, et sur un rectangle de 51,13 x 109,34 m se dressent les 10 x 21 colonnes de la *péristasis* externe, qui date en grande partie de l'époque impériale **[fig. 92]**. Le temple comprend trois espaces de niveaux différents. Au fond du *prodomos* meublé de douze colonnes ioniques s'ouvre une grande porte défendue par un seuil monolithe haut de plus de 1 m, elle mène à une salle occupée par deux colonnes corinthiennes et des escaliers latéraux. C'est au-delà qu'un large escalier de vingt-quatre marches autorise la descente dans la cour, qui est en réalité un *adyton* hypèthre où se trouve l'antique chapelle d'Apollon. Le luxe des plafonds n'est surpassé que par celui des frises de griffons affrontés et par les chapiteaux des pilastres de la cour, enrichis de rinceaux sans fin et de figures s'échappant de palmettes ou d'acanthes. La base ionique-attique, qui apparaît ici au début du IIIe siècle, mais seulement pour les antes et les murs, pénétrera ensuite lentement dans toute l'Asie Mineure. Nous possédons les comptes épigraphiques de ce gouffre financier à partir du IIIe siècle ; bien que lacu-

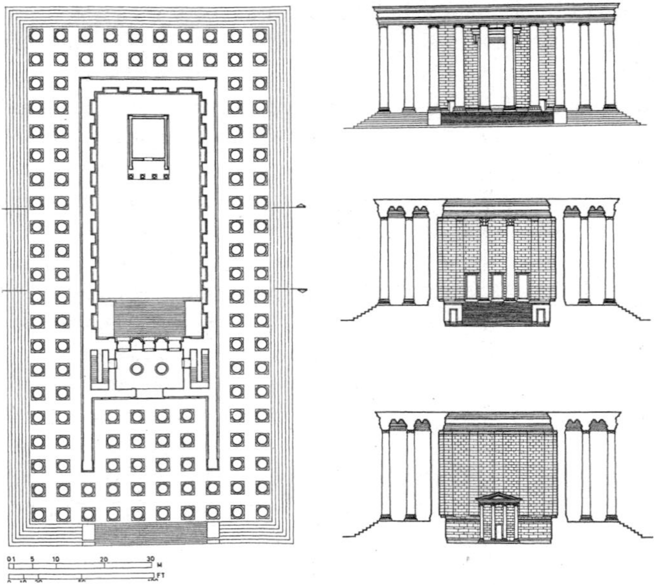

92. Plan, élévation et coupes sur le temple hellénistique d'Apollon à Didymes.

naires, ils ont l'avantage de nous donner des datations absolues. C'est l'administration du sanctuaire qui tient ces comptes avec la ville de Milet, en mentionnant les architectes qui se succèdent, les commissaires aux travaux, les divers ouvriers et leur champ d'activité. Ce temple nous intéresse aussi par un ensemble de dessins préparatoires gravés sur les murs, qui révèle un décalage entre le projet et sa réalisation (p. 29).

À Sardes, sur le site d'un vieux sanctuaire de Cybèle, va s'élever à partir du début du IIIe siècle un nouvel Artémision, dans la lignée des grands édifices d'Éphèse et d'ailleurs (41,87 x 94,92 m). Il est surtout connu par ses élégants chapiteaux ioniques, garnis de fleurs et de rinceaux au canal **[fig. 85]**. À l'avant du temple, une plate-

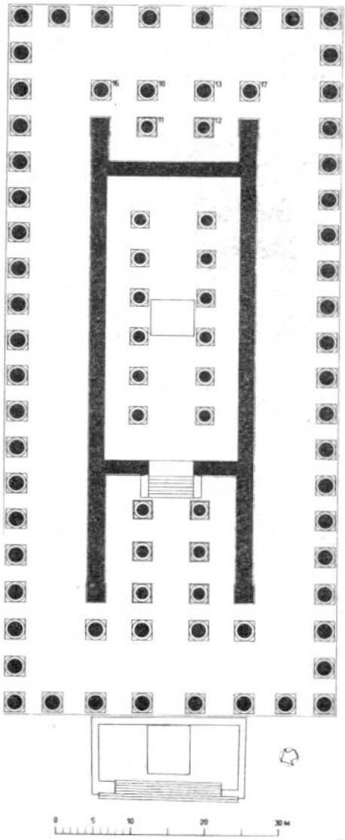

93. Plan du temple hellénistique d'Artémis à Sardes.

forme englobe d'abord l'autel antérieur, à escalier ; puis, dans la première moitié du IIe siècle, les façades très accentuées, avec des porches prostyles **[fig. 93]**, sont partiellement mises en place et la *péristasis* est commencée, sans que l'intervention postérieure de l'empereur Antonin le Pieux permette d'en venir à bout. Mais cette fois il ne s'agit pas d'une double *péristasis*, le temple est du type pseudodiptère, que nous avons déjà rencontré bien auparavant (p. 75, 106).

Cette disposition nous amène à évoquer l'œuvre du plus éminent représentant de l'architecture religieuse entre la fin du IIIe et le début du IIe siècle : l'architecte Hermogénès, que Vitruve couvre d'éloges en lui accordant plusieurs inventions, dont le plan pseudo-diptère, très aéré, et le rythme eustyle, où les entrecolonnements sont harmonieusement calculés, avec un entrecolonnement axial élargi. En réalité, aucun de ces traits n'est nouveau ; ils existaient déjà à l'époque archaïque et Hermogénès a seulement dû en favoriser l'essor : comme ses confrères, il n'innove guère. Parmi les réalisations qui lui sont attribuées, le temple de Dionysos à Téos est oblitéré par des transformations d'époque impériale, mais nous pouvons mieux saisir l'architecture hermogénienne à travers les restes de Magnésie du Méandre, qui paraissent traduire un programme unitaire **[fig. 18]**. Le temple pseudo-diptère d'Artémis et son autel monumental en *pi*, orné de statues, sont obliquement dans l'axe du *propylon* de la grande *agora*, entourée de portiques à la manière ionienne, et ce n'est pas au centre de cette composition mais près de sa bordure sud que se dresse le petit temple prostyle tétrastyle de Zeus Sôsipolis. Sur une *crépis* élevée, tous ces bâtiments ont des colonnes hautes de 9 diamètres et demi, un entablement lourd, car une frise s'y joint aux denticules, lesquels peuvent continuer sur les rampants du fronton. Des cloisons reliaient les entrecolonnements du *pronaos* et de l'opisthodome du temple d'Artémis. Ce sont là bien des caractères que nous reverrons dans des bâtiments et des ensembles romains, en Asie Mineure et ailleurs.

En Grèce continentale, au IIe siècle, les grands comme les petits sanctuaires (tel celui de Poséidon à Ténos, dans les Cyclades), les anciens comme les nouveaux, se sont également adaptés au processus d'embellissement et de régularisation monumentale par des portiques, si possible très longs, grâce à des bienfaiteurs qui rivalisent de générosité. Les sites anciens, où l'espace était déjà très rempli, présentaient quelques contraintes. À Delphes, le temple d'Apollon reconstruit au IVe siècle est désormais encadré à l'est et à l'ouest

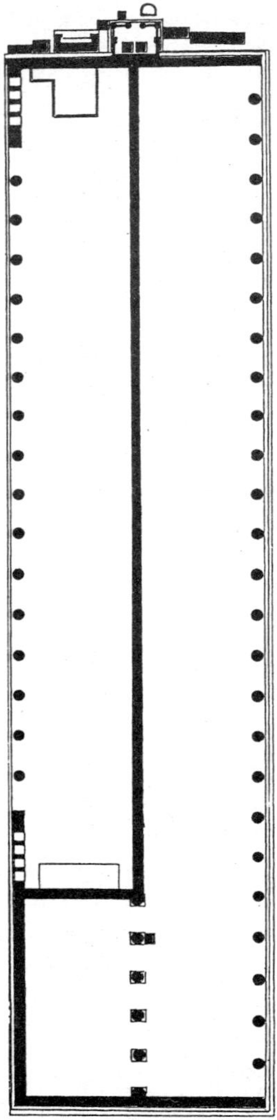

94. Plan du portique de Philippe à Délos (à g., vers 210).

par deux portiques sur des terrasses, qui permettent de jouer sur les perspectives ; à Délos, même si la *stoa* coudée des Naxiens, à la fin du VIe siècle, avait déjà donné un début de cohérence au sanctuaire d'Apollon et à l'espace civique, c'est le grand portique à avant-corps élevé par le roi de Macédoine Antigone Gonatas qui établit fermement, au troisième quart du IIIe siècle, la limite nord du lieu. Au-delà des Propylées du sud, deux autres portiques, toujours du IIIe siècle, forment une voie sacrée solennelle depuis le port : l'un fut offert vers 210 par Philippe V de Macédoine et ultérieurement doublé **[fig. 94]** ; l'autre, qui constitue la limite sud de l'*agora* tétragone des Déliens, est peut-être dû à un monarque pergaménien, d'après les statues qui l'accompagnent. Le premier possède trois métopes par travée, un rythme fréquemment attesté dans les portiques à partir du IIIe siècle, quand on ne va pas jusqu'à quatre voire cinq métopes par travée. Il ne subsiste donc que quelques tronçons de l'antique péribole, et dans la seule zone restée libre, un bâtiment exceptionnel, très étroit et allongé, s'est installé dans les années 300 : dominé par un lanterneau, le Néôrion devait abriter dans sa galerie un navire, sans doute consacré par un monarque victorieux soucieux de sa propagande. Comme le Portique d'Antigone, le Néôrion exhibait des têtes de bœuf à ses chapiteaux ; il s'agit d'un des nombreux modèles de ces chapiteaux figurés qui connaîtront partout un réel succès, qu'ils présentent ou non un décor d'acanthes.

De même que sur les *agoras*, l'espace est encombré par toutes sortes de petits monuments votifs ou commémoratifs : ce ne sont plus des cités qui offrent des trésors, mais – surtout à partir du IIe siècle – des particuliers qui se mettent en valeur par des bases ou de hauts piliers porteurs de statues, des fontaines et des édicules décoratifs en tout genre, des exèdres rectangulaires ou semi-circulaires bordant une voie dallée, comme dans l'antique sanctuaire de Thermos, où deux portiques, longs de 173 et 164 m, se font

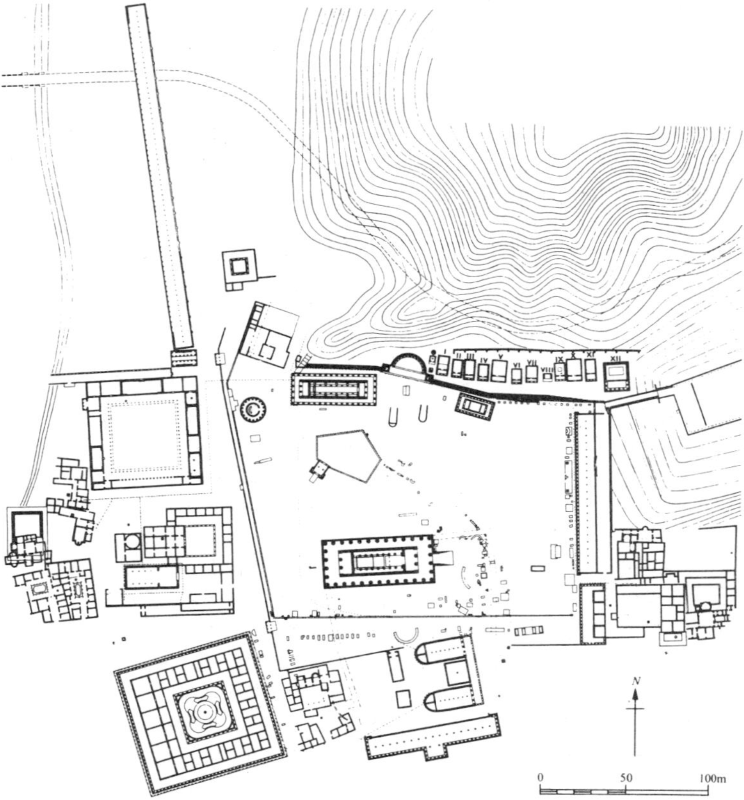

95. Plan du sanctuaire d'Olympie à l'époque romaine.

face depuis le début du IIIe siècle, entre le temple et le *propylon.* Faut-il voir dans ces portiques symétriques les ancêtres des amples rues à colonnades qui se développeront à partir de la fin de la période hellénistique à Apamée et en Asie Mineure ? Quant aux propylées, simples ou amphiprostyles, ils deviennent partout des éléments très appréciés pour faire impression (Samothrace, Épidaure), et pas seulement à l'entrée d'un sanctuaire ou d'une *agora* : on les voit au *bouleutérion* de Milet **[fig. 88]**, dans les gymnases d'Olympie **[fig. 95]** et d'Alexandrie.

Dans tous les cas, et surtout à partir du IIIe siècle, le temple ne représente plus l'élément principal : s'il est ancien, il est noyé dans la masse des autres édifices et des ex-voto, qui sont librement juxtaposés, sans véritable composition ; s'il est nouveau, ce n'est qu'une construction de taille modeste, de préférence *in antis* ou prostyle, puisque l'époque privilégie dans tous les monuments la façade d'entrée, et de toute façon un temple périptère produit moins d'effet lorsqu'il est englobé dans un ensemble. La préférence accordée aux façades ioniques, voire corinthiennes, permet de n'être plus gêné par le rythme de la frise dorique. L'opisthodome est souvent absent ou très réduit, il est même remplacé par deux demi-colonnes *in antis* dans le temple hellénistique de Létô près de Xanthos, qui est un petit périptère ionique pseudo-diptère. Tandis que le *pronaos* est en général profond, la *cella* est spacieuse et des groupes statuaires, souvent colossaux, sont proposés à l'admiration, comme au temple de Lycosoura en Arcadie. On remarque ces nouvelles conceptions d'un bout à l'autre de la Méditerranée : à Sélinonte, où le temple B se distingue par sa riche polychromie ; dans les sanctuaires récents, qui peuvent adopter le programme de la cour péristyle (Asclépieion de Messène **[fig. 96]**) ; dans ceux des divinités étrangères, qui rencontrent un certain succès à l'époque hellénistique tardive en associant l'architecture grecque à des installations spécifiques, surtout hydrauliques (sanctuaires des dieux égyptiens à Délos, Érétrie, Dion) ; enfin il arrive que l'on joue sur l'arrangement des terrasses, d'une manière qui était déjà perceptible à l'Héraion d'Argos à la fin du Ve siècle **[fig. 17]**, mais qui est désormais très recherchée.

Ce jeu est encore simple à Délos, où les principaux monuments de la terrasse des dieux syriens sont un théâtre cultuel et des portiques, plutôt que les chapelles latérales

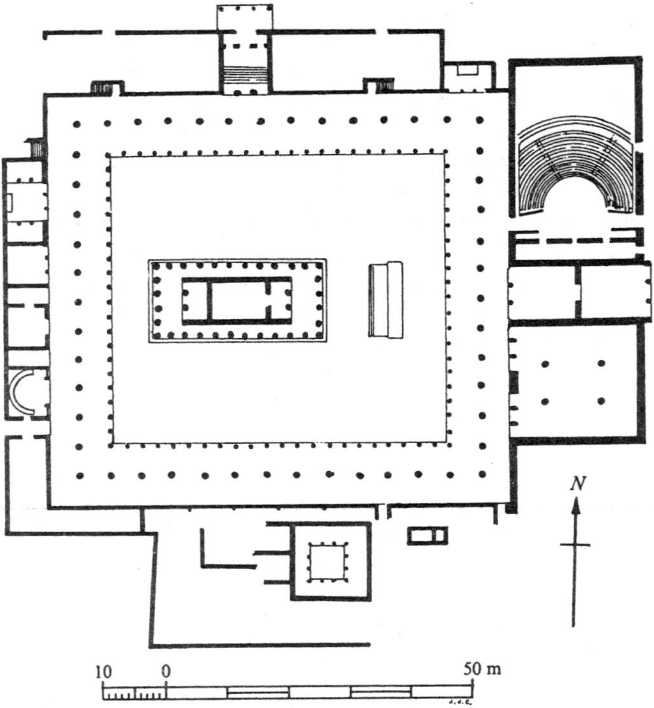

96. Plan de l'Asclépieion de Messène, avec son théâtre-auditorium à l'est, commencé à l'époque hellénistique.

des divinités. À Cos, c'est Asclépios, le premier dieu guérisseur du monde hellénistique, qui bénéficie d'un grand complexe sur trois terrasses. Sur celle du milieu, la plus ancienne, un petit temple et un autel avaient été entourés d'autres édifices miniatures, sans lien organique. Au IIIe siècle a été aménagée la terrasse supérieure, accessible par un grand escalier et entourée d'une colonnade en *pi* ; lui répondra par la suite une terrasse inférieure presque symétrique, enfin un périptère axial sera implanté sur la terrasse supérieure. Dans le sanctuaire d'Athéna à Lindos (île de Rhodes) **[fig. 97]**, le programme est unitaire et plus spectaculaire, avec une interaction constante de l'architecture et du paysage. Le vieux temple tétrastyle prostyle ayant été incendié, il est reconstruit vers 300 sur le même plan allongé (7,75 x 21,65 m) ; c'est de la première moitié du IIIe siècle que date la terrasse de la *stoa* supérieure, qui reste asymétrique pour faire voir le temple dans le splendide panorama de la falaise ; ensuite est édifiée la grande *stoa* inférieure à avant-corps, qui encadre un escalier monumental. Assurément, l'époque hellénistique aime partout les escaliers et les surélévations en terrasses, une tendance que les Romains ne renieront pas.

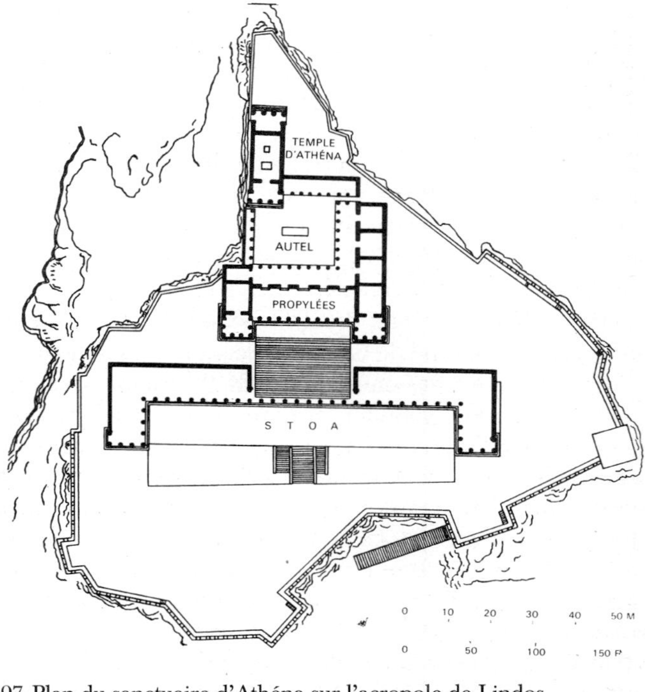

97. Plan du sanctuaire d'Athéna sur l'acropole de Lindos (IIIe siècle).

Édifices de spectacle et d'éducation

Pour définir l'état le plus avancé de la cité grecque, une phrase de Pausanias a souvent été commentée. Parlant de la petite ville de Panopée en Phocide, il hésite à y voir une *polis*, car elle n'a « ni bâtiments administratifs, ni gymnase, ni théâtre, ni *agora*, ni d'eau conduite à une fontaine » (*Périégèse*, X, 4, 1). Il est significatif qu'il n'évoque pas de temples, et un voyageur d'époque classique n'aurait certainement pas mis un théâtre ou un gymnase sur le même plan que les bâtiments administratifs. Héraclide, auteur d'un itinéraire à Athènes vers le milieu du IIIe siècle, a trouvé la ville laide avec ses rues irrégulières, mais s'est extasié sur ce qui, selon lui, vaut la peine d'être vu : outre le sanctuaire d'Athéna et l'Olympieion, il admire spécialement le théâtre et les trois gymnases. C'est dans ces édifices de spectacle et d'éducation que l'on se réunit désormais pour goûter à la culture grecque ; ils sont aussi des éléments majeurs de la composition urbaine, comme à Pergame, où le théâtre, avec ses 80 rangs de gradins pour 10 000 spectateurs, est lié à un portique **[fig. 83]**, une association grandiose qui se retrouve jusqu'à Syracuse.

Parmi les nombreux théâtres hellénistiques, certains reproduisent le type de bâtiment de scène bas inauguré à Athènes, séparé par une marche de l'*orchestra* circulaire (Dodone, Érétrie, Vergina), en bordure de laquelle se trouvent un ou des autels ; d'autres ont opté pour le bâtiment scénique à *proskènion*, éventuellement complété par des avant-corps latéraux (les *paraskènia*). Dans cette formule, légèrement postérieure à la précédente – les exemples les plus anciens se situent à Épidaure, Thasos, Délos ou Priène –, l'estrade est surélevée et sa façade réalisée par une sorte de portique où les baies entre les piliers à demi-colonnes étaient occupées par des portes ou des panneaux peints amovibles, les *pinakès*. Au fond de la terrasse d'étage (le *logeion*), accessible par des degrés ou des rampes, est

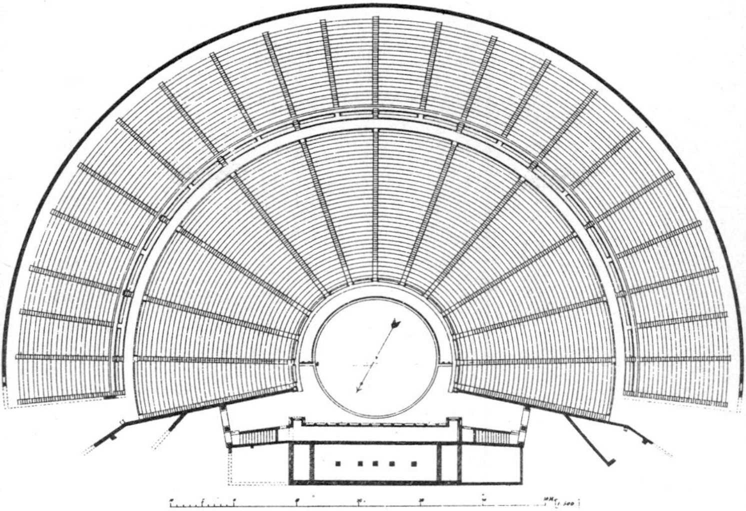

98. Plan du théâtre d'Épidaure (vers 320-300).

dressée une façade percée d'une série de larges ouvertures ; l'ensemble a d'abord pour fonction de renvoyer le son. La terrasse permet aux acteurs d'être séparés du chœur qui reste dans l'*orchestra*, pendant qu'eux-mêmes évoluent à un niveau plus élevé – mais ils pouvaient fort bien se présenter eux aussi dans l'*orchestra*. La scène à *proskènion* va rapidement se diffuser, avec quelques variantes plus ou moins complexes ; celle à plan trapézoïdal se voit surtout en Asie Mineure du IIIe au Ier siècle.

Le théâtre d'Épidaure, qui pouvait recevoir 14 000 spectateurs dans les deux parties de son *koilon*, respectivement sur 34 et 21 rangées, était considéré par Pausanias comme un modèle d'harmonie **[fig. 98]**. D'après des calculs récents, sa conception planimétrique très cohérente suggère une construction d'un seul jet, sans doute vers 320-300, soit peu après l'achèvement de la *tholos*. L'entablement de celle-ci porte une mouluration rare qui se retrouve

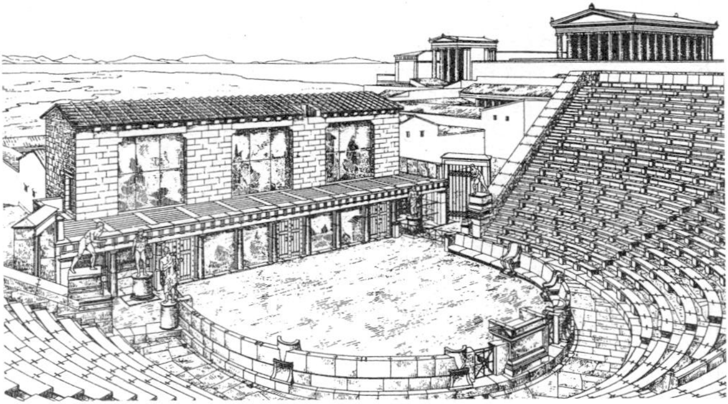

99. Perspective restituée de l'*orchestra* et du bâtiment de scène du théâtre de Priène (après 150).

en haut des grandes portes d'accès (*parodos*) à l'*orchestra*, dont le diamètre correspond à celui du stylobate de la *tholos* (20,45 m). Dans ce cas, le théâtre et la dernière phase de la *tholos* pourraient bien être l'œuvre du même architecte, Polyclète le Jeune, comme l'affirmait Pausanias. De son côté, le théâtre de Délos est plus petit et sa conception diffère sensiblement de celle d'Épidaure : n'étant que partiellement adossé à une colline, il a nécessité l'édification d'un puissant mur de soutènement en marbre dont le tracé est ovale, si bien que son *koilon* n'est pas en fer à cheval mais s'étend davantage en profondeur.

Le théâtre de Priène est avant tout connu pour son bâtiment de scène, bien conservé. Le *proskènion* possède une colonnade de 21 m de longueur, à frise dorique de quatre métopes par entrecolonnement, avec une porte au milieu et deux autres aux extrémités, qui encadrent des baies à panneaux décorés **[fig. 99]**. À l'étage, les trois larges ouvertures de la *skènè* donnent sur la terrasse. Comme pour bien d'autres (Messène, Démétrias, Délos, Caunos), la planimétrie de l'édifice de Priène est fondée sur le principe de l'inscription d'un ou de plusieurs carrés dans un cercle.

Il faut mettre à part les théâtres de Grande-Grèce et de Sicile, où le bâtiment de scène a connu un développement particulier, qui a dû jouer un rôle dans la création de la *frons scaenae* romaine, cette haute façade architecturée qui se dresse derrière la scène. En effet, les édifices siciliens (Ségeste, Syracuse, Tyndaris) ont une estrade élevée, avec parfois des avant-corps et des colonnes doriques engagées à l'étage.

Parmi les gymnases, qui étaient d'abord des sites agrestes destinés aux exercices physiques (près d'Athènes : l'Académie, le Cynosarges, le Lycée) avant de devenir des lieux de culture et de réunion, le plus ancien conservé est celui de Delphes **[fig. 91]**, daté par une inscription de 330 environ. Ce genre d'établissement se multiplie ensuite, sous le contrôle des cités, mais ce sont les libéralités des rois et de riches citoyens qui permettent leur construction et leur entretien. Par manque de place, ils se trouveront de plus en plus en bordure ou à l'extérieur des villes (Priène, Délos). Avant le IIe siècle, on ne peut parler d'un véritable plan type ; toutefois l'élément essentiel, constitutif, est toujours la palestre ou « terrain de lutte », en forme de grande cour péristyle précédée d'un *propylon* et entourée de diverses pièces, dont les plus importantes sont des exèdres ou salles rectangulaires pourvues de bancs, ainsi que des installations pour le bain : salle pour ablutions froides, avec cuves ou baignoires, plus rarement piscine. Les dieux protecteurs du gymnase, Hermès et Héraclès, pouvaient bénéficier d'une chapelle (Amphipolis). Était nécessairement liée à la palestre une piste d'entraînement pour la course, longue d'un stade et appelée xyste lorsqu'elle était couverte (à Samos ou à Delphes, au niveau supérieur du gymnase), *paradromis* quand elle était à ciel ouvert. En revanche, le stade lui-même, utilisé pour les concours, est généralement installé plus loin (Athènes, Olympie, Épidaure). Ces remarquables vecteurs du mode de vie grec existent jusqu'aux confins du monde hellénisé, à Aï-Khanoum en Afghanistan, où l'édifice présente un plan symétrique et régulier qui correspond assez bien à la description du gymnase grec selon Vitruve.

Les stades, qui pouvaient aussi servir de cadre à des prestations artistiques, se terminaient le plus souvent en hémicycle sur au moins un des petits côtés, mais les talus des longs côtés ne comportaient pas toujours des gradins architecturés, en plus de la tribune pour les juges (Olympie). Si le couronnement du stade de Messène par un portique en *pi* est un cas exceptionnel, il n'en va pas de même pour l'accès voûté, aménagé à Némée comme à Olympie. En plus des dispositifs de départ et de virage, les pistes étaient pourvues d'installations hydrauliques pour leur entretien. Celle du stade de Delphes, longue de 600 pieds de 29,72 cm, était divisée en vingt couloirs et aboutissait à un arc monumental en bois qui pourrait bien être, dès 247-246, le premier arc de triomphe connu. Et il faut encore moins chercher des gradins dans les hippodromes que dans les stades : contrairement aux cirques romains, qui sont très sophistiqués, les hippodromes de la Grèce étaient de simples terrains plats munis d'autels et de bornes aux extrémités, avec un talus en lisière pour les spectateurs, afin de redevenir des lieux de pâture en dehors des périodes de concours.

Les diverses structures balnéaires associées aux gymnases nous amènent à évoquer ici la genèse du bain à hypocauste continu, ce « chauffage par en dessous » qui sera amplement développé dans les thermes romains. Il a longtemps été admis que le Bain d'Olympie représenterait, vers 100 av. J.-C., une forme primitive de bain à hypocauste, exportée en Campanie. Mais la datation de ce bâtiment vient d'être abaissée vers la fin du Ier siècle avant notre ère, de sorte que l'hypocauste avec petites piles de briques et radier suspendu a les meilleures chances d'être bien une invention campanienne, exportée de là en Grèce et dans toute l'Italie.

L'architecture funéraire

Il est normal que les modes simples et traditionnels d'ensevelissement perdurent, comme les tombes sous tuiles ou encore à fosse, mais avec l'affaiblissement du principe démocratique les sépultures manifestent partout et de différentes manières le goût de plus en plus marqué pour le monumental, sauf en Attique où des mesures contre le luxe funéraire ont été prises à la fin du IVe siècle sous le gouvernement de Démétrios de Phalère, car la sculpture et les colonnes devenaient envahissantes : la hauteur des stèles, colonnettes ou *naïskos* y fut désormais limitée.

Plus au nord, le type des tombes « macédoniennes » apparaît vers 340 et se rencontre jusqu'au milieu du IIe siècle, après avoir essaimé dans d'autres régions, comme l'Italie du Sud. Celles de Lefcadia et de Langada (Macédoine) ont été découvertes depuis longtemps, mais seule la fouille récente du groupe le plus riche à Vergina, la première capitale de la Macédoine, a permis de prendre conscience de son homogénéité. Car l'attention a été attirée par trois tombes royales au mobilier exceptionnel, celle d'Eurydice, celle dite «du Prince», et surtout celle de Philippe II sous le *tumulus* le plus imposant, appelé la « Grande toumba ». Avec ce tertre, la voûte clavée en demi-cylindre, faite de voussoirs parfois réunis par des crampons métalliques, est leur caractéristique principale **[fig. 100]**, et contrairement à ce qui a souvent été écrit, cette forme architecturale n'a pas été empruntée à l'Orient ou à l'Égypte, mais semble bien avoir été mûrie sur place pour répondre au besoin de couvrir des portées de plus en plus grandes, quand les tombes à chambre déjà monumentales construites en Macédoine dans la première moitié du IVe siècle (à Katérini, ou encore près de Vergina) devaient refléter les structures sociales hiérarchisées de la région. Les tombes à voûte, désormais dites « macédoniennes », dont près d'une centaine sont connues à ce jour

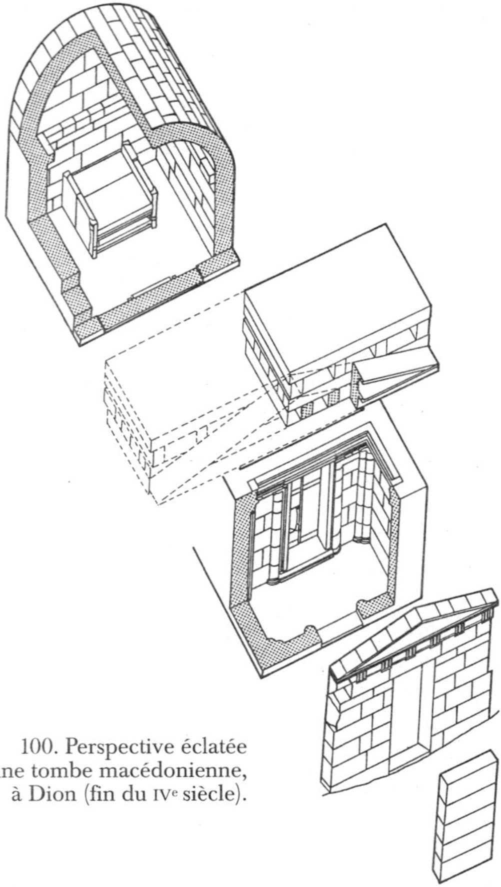

100. Perspective éclatée d'une tombe macédonienne, à Dion (fin du IVe siècle).

en Grèce propre, disposent toujours d'une grande chambre funéraire de plan rectangulaire, accessible par un vestibule parfois précédé d'un couloir d'accès (*dromos*) garni d'une façade qui peut être simple ou très architecturée, avec des demi-colonnes et une frise ionique ou dorique peinte, surmontée d'un fronton, sous lequel apparaissent à l'occasion des fausses fenêtres. La qualité des portes de

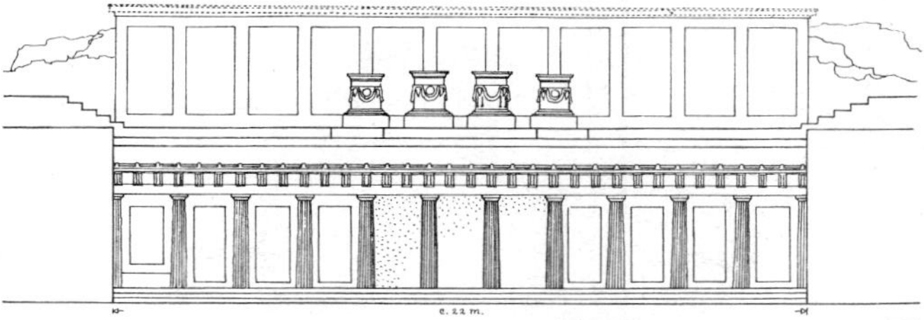

101. Façade restituée de l'Archocrateion de Lindos (dernier quart du IIIe siècle).

marbre à ornements de bronze n'est surpassée que par celle du mobilier, des offrandes et des peintures conservées dans certaines de ces tombes, qu'il s'agisse de scènes figurées ou, plus simplement, de l'imitation d'un mur en grand appareil, ce qu'on nomme le style structural ou architectural grec, parfois complété par un véritable style illusionniste, avec des piliers en trompe-l'œil. Des fresques ornaient aussi un type de sépulture un peu différent, également fouillé en Macédoine : la tombe monumentale à ciste, dont le plus bel exemplaire, la tombe de Perséphone, fut élaboré à Vergina au milieu du IVe siècle ; c'était une grande fosse entièrement garnie puis couverte de dalles de *poros*, et signalée à l'extérieur par une stèle.

En Asie Mineure, où l'on a découvert d'autres tombes « macédoniennes », la façade inspirée des temples, ou plus généralement des grandes maisons, rencontre un certain succès depuis l'édification du Mausolée d'Halicarnasse, qui a marqué un tournant. L'idée est toujours la même : l'homme de haut rang veut être mis en valeur et héroïsé par un tombeau imposant. Dans les années 290-280, le Mausolée inachevé de Bélévi s'inspire clairement de celui d'Halicarnasse, même si ses dimensions sont plus modestes et le toit pyramidal absent. Bâti à la même époque, le Charmyleion de Cos est à deux niveaux, avec des sarcophages en sous-sol, alors qu'au sud de Lindos l'Archocrateion **[fig. 101]** est une grande tombe rupestre à fausse façade

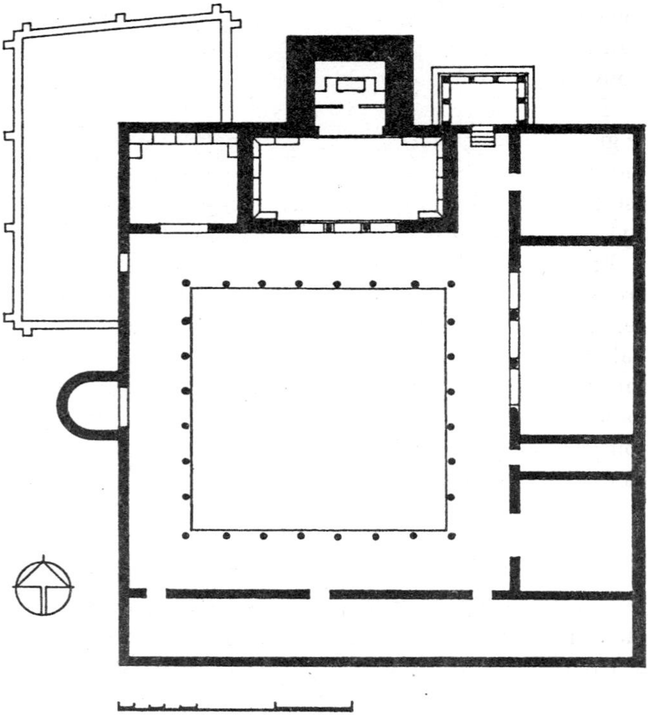

102. Plan de l'*hérôon* de Calydon (fin du IIe siècle).

un peu plus récente. Également sur *podium*, les monuments ronds ou octogonaux sont prisés : en témoignent le Ptolémaion de Limyra, au début du IIIe siècle, et plusieurs autres *tholos* à destination funéraire. La *tholos* monoptère peut même être choisie en couronnement de la fausse façade – fausse, car l'intérieur est sans rapport structurel avec l'extérieur [16] – d'une tombe rupestre : avec son fron-

16. C'est pourquoi on a pu parler d'un mouvement « baroque » dans l'architecture gréco-romaine : voir M. LYTTELTON, *Baroque Architecture in Classical Antiquity* (Londres, 1974).

ton coupé et son décor végétal, le Khazné de Pétra, en Jordanie, en est sans conteste la plus riche illustration, sans doute dans la première moitié du Ier siècle.

En revanche, si nous revenons en Grèce continentale, le grand *hérôon* construit près de Calydon (Étolo-Acarnanie) **[fig. 102]** pour un certain Léon, à la fin du IIe siècle, est d'un style plus original, puisqu'il rappelle la cour péristyle des gymnases, avec ses salles en exèdre.

Enfin, les hypogées d'Alexandrie en Égypte, à chambres creusées de niches (*loculus*, pl. : *loculi*) pour sarcophages et regroupées autour d'une cour péristyle, dérivent principalement de modèles égyptiens et ne sont à rattacher au monde grec que par l'emploi d'un décor dorique ou ionique, fait de corniches et d'ordres appliqués. Quant aux somptueux hypogées d'Italie du Sud, à fosse ou à chambre, ils relèvent eux aussi avant tout d'une tradition locale.

L'habitat

Les formes de l'habitat dépendent non seulement des moyens du propriétaire, mais aussi et toujours des coutumes régionales. Par exemple, dans le nord-ouest de la Grèce, en Illyrie et en Épire, se voit un type d'habitat particulier qui remonte à la pièce monocellulaire de la société pré-urbaine : la grande salle à foyer en est l'élément principal et parfois unique, mais d'autres pièces à fonctions diverses lui sont souvent adjointes, autour de la petite cour (Orraon, aujourd'hui Ammotopos, et Cassopè). En revanche, dans la modeste ville macédonienne de Pétrès, les maisons, privées de cour, étaient pourvues d'un étage qui peut se singulariser par un balcon couvert du type véranda, lequel s'est conservé avec une parfaite continuité dans la région jusqu'au XIXe siècle.

Tandis que le plan à *pastas* est toujours apprécié, la maison à *prostas* lui fait concurrence, au moins depuis la haute époque hellénistique, dans le nord de la Grèce (Maronée,

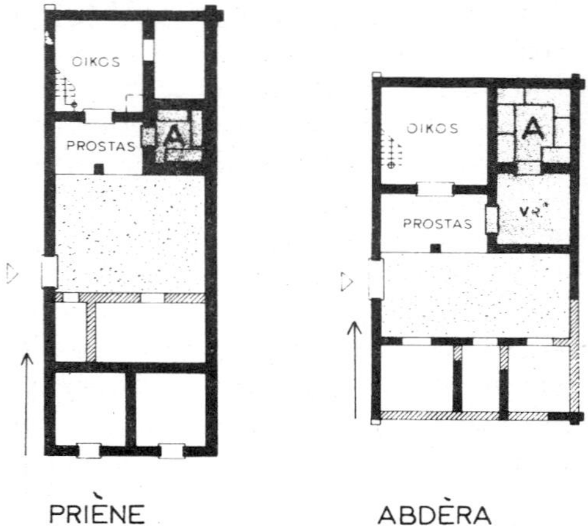

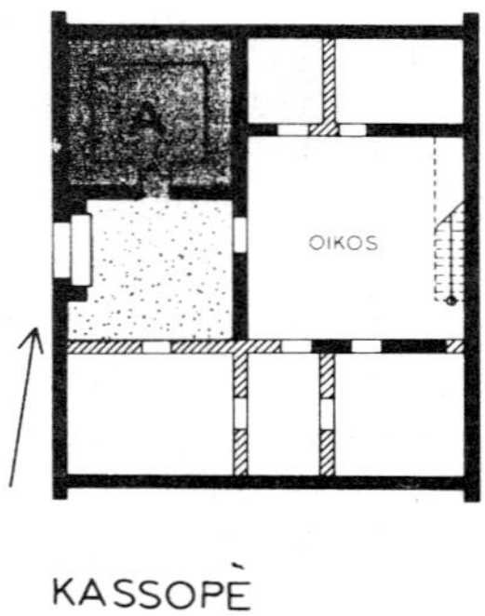

103. Plans restitués de deux maisons à *prostas* (Priène, Abdère) et d'une maison avec une grande salle donnant sur une petite cour (Cassopè), chacune avec une salle de banquets (A = *andrôn*). Époque hellénistique.

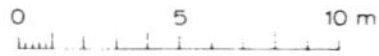

Abdère) **[fig. 103]**. Nous avons en réalité affaire à un type ionien, qui paraît avoir pour origine le vieux *mégaron* et qui est sporadiquement attesté dès le VIIe siècle (Ancienne Smyrne, Vroulia), puis bien représenté à Colophon ou à Priène : les salles d'habitation, sur deux niveaux, sont alors également situées au nord pour s'ouvrir sur la cour en profitant du soleil de midi, mais elles ne sont normalement qu'au nombre de deux, dont l'*oikos* précédé cette fois d'un simple porche au lieu d'un portique. L'ensemble est ainsi plus long que large, alors que le type à *pastas* est globalement carré.

Mais c'est surtout l'introduction de plus en plus fréquente de la cour péristyle qui caractérise la période hellénistique. On la voit désormais partout, dans des maisons relativement banales comme dans de grandes hôtelleries, ancêtres des caravansérails, et bien sûr dans les palais.

L'île de Délos, où un nombre important de maisons du IIe et du début du Ier siècle est conservé, illustre à merveille cette tendance. Alors que la surface habitable au sol varie entre 110 et 400 m², le péristyle a parfois été rajouté, sans doute pour augmenter le standing, de sorte que certaines maisons possèdent à la fois une cour simple et une cour péristyle. Bordée de diverses salles et accessible par un vestibule **[fig. 104]**, celle-ci n'est pas toujours entourée de colonnades sur les quatre côtés, mais ces colonnes, en marbre, sont le plus souvent doriques et non cannelées dans leur premier tiers, où elles sont simplement taillées à facettes, suivant une mode largement répandue depuis

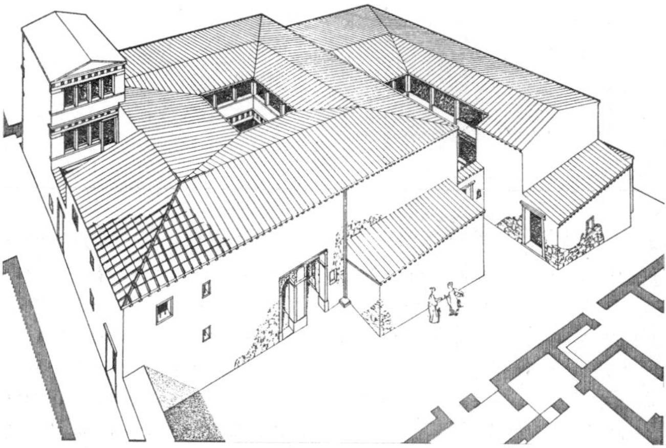

104. Restitution de l'Îlot de la Maison des Comédiens à Délos, avec deux cours péristyles et une maison-tour (vers 125).

la fin du IIIe siècle. Elles encadrent une cour au pavement dallé ou recouvert d'une mosaïque qui cache la citerne, soigneusement rendue étanche par un enduit hydraulique, à moins que la maison n'ait été alimentée par un puits – car Délos ne manquait pas d'eau, offerte par des installations publiques aussi bien que privées. La Maison des Masques et celle du Trident présentent une variante luxueuse de péristyle appelée par Vitruve « péristyle rhodien » : sur un côté plus élevé que les trois autres, l'avant-dernier tambour des colonnes angulaires est pourvu de consoles qui supportent l'architrave des côtés adjacents **[fig. 109]**. Comme dans l'habitat classique, la fonction des pièces qui s'ouvrent sur la cour n'est pas toujours claire ; tout au plus est-on attiré par une salle plus grande avec des alcôves latérales, qui doit être la salle de séjour, dotée de hautes fenêtres parfois munies de barreaux. Un quartier des femmes n'est pas discernable, et les activités domestiques

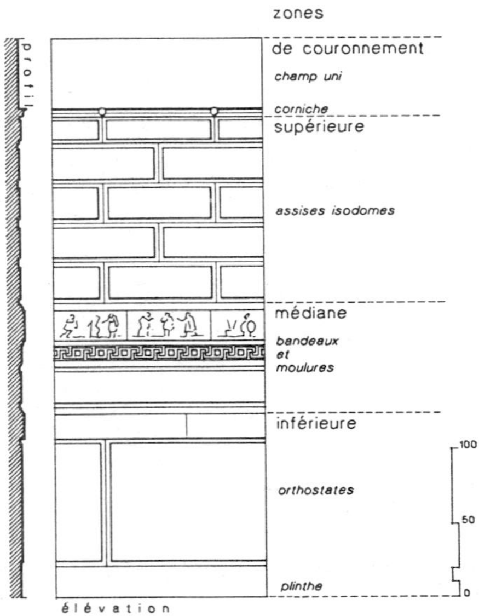

105. Divisions d'une paroi peinte en style « architectural grec », à Délos (IIe siècle).

ainsi que la cuisine doivent être imaginées dans la cour sous les portiques, ou sur les terrasses, grâce à des réchauds portatifs retrouvés en grand nombre. La vraie salle de bains à baignoire sabot était rare, plus que les latrines : les eaux usées étant évacuées vers la mer par un système élaboré d'égouts couverts, il arrivait qu'on en profitât pour faire passer ces eaux dans des latrines judicieusement situées près de l'entrée de la maison. Si les sous-sols ne sont guère courants et liés à la pente du terrain, comme sur d'autres sites la maison peut comporter un étage, complet ou partiel, accessible par un escalier extérieur qui le rendait indépendant lorsqu'il était mis en location. Les ateliers et les boutiques ouvrant sur la rue montrent que la maison continue à être un lieu de production.

Le décor omniprésent, qui trahit le niveau de vie élevé des Déliens, distingue l'habitation dans l'île. Quand bien même le sol en terre battue est, ici comme ailleurs, le plus banal, avec le dallage de gneiss pour les cours, les pavements en mosaïque sont présents en nombre remarquable : ce sont de simples mosaïques de tuileaux ou en gros éclats de marbre, des tapis de seuil déjà plus élaborés, mais aussi de splendides panneaux à minuscules tesselles, une technique introduite en Grèce au tournant des IIIe et IIe siècles. Quelques aménagements laissent paraître un goût de « nouveau riche », sous la forme d'une référence à l'imposante architecture publique : c'est ainsi qu'un propriétaire a voulu pour l'entrée de son *oikos* des dalles de marbre incrustées en demi-cercle sur un plan axial, une disposition qui rappelle les rainures du chemin de roulement conçu pour les lourds vantaux du Grand temple d'Apollon. De couleurs vives, les revêtements des murs en gneiss ou des cloisons en pisé sont souvent de grande qualité : outre l'habituelle imitation d'un appareil rectangulaire isodome **[fig. 105]**, surmonté d'une corniche stuquée en relief puis, à une hauteur de 4 m en moyenne, d'un plafond peint avec les mêmes motifs que les tapis en mosaïque, on trouve

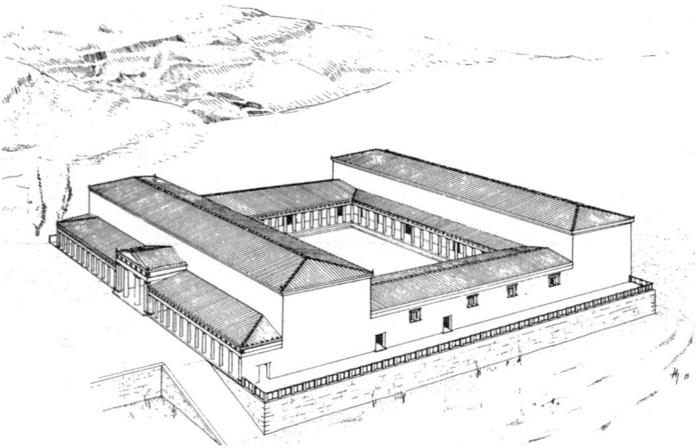

106. Perspective restituée du palais de Vergina (seconde moitié du IVe siècle).

dans la zone médiane des frises figurées, des bandeaux géométriques ou végétaux, et même des trompe-l'œil.

Ces mêmes enduits peints ornaient largement les palais des monarques, un type de bâtiment qui avait très peu retenu l'attention jusqu'à ces dernières années dans la mesure où il représente l'antithèse du phénomène de la *polis* démocratique, qui focalisait toute l'attention. Alors que les palais paraissent avoir disparu du monde grec avec la fin de l'empire mycénien, ils subsistaient sur ses marges orientales (Chypre), et ont réapparu en Grèce avec la monarchie macédonienne. Il faut en effet nous résigner à ne rien savoir de sûr au sujet des résidences de tyrans tels que Pisistrate ou Polycrate, nous contenter du témoignage de Vitruve suivant lequel le palais non retrouvé du satrape Mausole était en briques enduites, près de son tombeau d'Halicarnasse, et passer directement aux palais du IVe siècle en Macédoine, où une dynastie familiale tenait depuis longtemps les rênes du pouvoir.

À l'emplacement de l'actuelle Vergina, l'ancienne Aigai était la première capitale de la Macédoine, entourée des nécropoles où étaient traditionnellement rassemblées les sépultures royales. Dominant la ville bien visible depuis sa terrasse-belvédère, ainsi qu'un théâtre très proche où Philippe II fut assassiné, la partie principale du palais doit dater de la seconde moitié du IVe siècle. C'est un rectangle de 104,50 x 88,50 m auquel on accède par de magnifiques propylées, larges de 10 m, qui coupent le long portique de façade ; ils donnent sur un vestibule d'apparat délimité par des demi-colonnes ioniques adossées à des piliers, un modèle élégant, connu dans d'autres demeures macédoniennes. Ouvertes sur la cour péristyle qui couvre 2 000 m², les multiples salles du type *andrôn*, avec porte désaxée pour placer les lits et plinthe continue pour les isoler du sol, qui doit pouvoir être lavé à grande eau, permettaient au roi d'inviter jusqu'à 278 personnes à des banquets, suivant une vieille coutume aristocratique **[fig. 106-107]**. Mais nous ne distinguons pas la salle d'audience attendue et supposons que les pièces de date un peu plus récente qui entourent, à l'angle sud-ouest, une autre petite cour com-

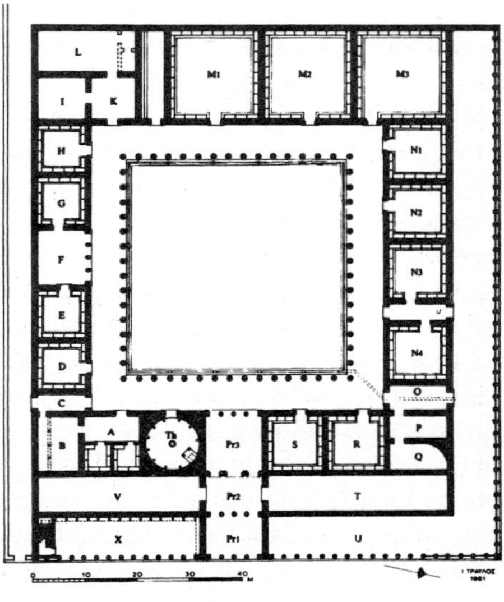

107. Plan restitué du palais de Vergina.

posent une zone résidentielle, à moins que celle-ci ne soit à chercher dans l'étage élevé au-dessus des files de pièces ouest et est.

Construit lorsque cette petite ville côtière devint à son tour la capitale de la Macédoine, peu après 400, puis progressivement agrandi, l'énorme palais de Pella couvre 60 000 m^2 sur une colline au nord de l'agglomération puissamment fortifiée et aménagée sur un plan orthogonal, avec des rues larges de 9 m, renforcées par un dallage et des trottoirs. La fouille du complexe palatial n'est pas terminée, et son état de conservation est aussi médiocre que celui de Vergina : en effet, dans les deux cas, les murs sont en briques crues au-dessus d'un socle en calcaire de piètre qualité. Mais il est déjà acquis que ce palais présente plusieurs cours péristyles ; hormis celle sur laquelle donnent des salles de banquets ainsi que des niches-exèdres, et dont la façade sud est également magnifiée par un *propylon* au centre d'un immense portique dorique précédé d'une rampe, les fonctions des autres ne sont pas encore claires : une cour pour des bains et des exercices physiques, une autre pour la zone résidentielle, ou pour un jardin ? Car les sources écrites mentionnent, dans les palais des monarques hellénistiques, des parcs ou des grands jardins d'agrément (*paradeisos*), voire des bois sacrés (*alsos*), comme à Alexandrie d'Égypte où le quartier palatial multifonctionnel, évalué par Strabon au quart de la surface urbaine, n'est pas conservé. La fondation d'« Alexandrie la Grande », en 332, est d'ailleurs considérée par certains archéologues comme le véritable début de l'ère hellénistique, dans la mesure où cette ville n'a rien d'une *polis*, mais est une véritable cité royale dont les *basileia* et leurs annexes sont les points névralgiques, le noyau du programme, alors que l'*agora* est reléguée au second plan. À l'abri du port privé de la petite île d'Antirrhodos, ainsi nommée pour faire concurrence à l'orgueilleuse cité de Rhodes, s'élevait même un autre palais où le roi pouvait s'isoler. Aux édifices construits en dur s'ajoutaient au moins deux superbes exemples d'une architecture plus fragile, qui doit partiellement imiter la grande architecture ; tous deux ont été reconstitués d'après la description de l'écrivain Callixène de Rhodes : la somptueuse tente destinée par Ptolémée II à des banquets royaux relève bien de la mise en scène théâtrale, avec ses couloirs bordés de lourds rideaux autour d'une grande salle centrale, cependant que Ptolémée IV s'était fait construire une sorte de yacht amarré aux bords du Nil, où il recevait sur deux niveaux, dans plusieurs pièces plus impressionnantes l'une que l'autre dès le *propylon* et le vestibule, le sommet étant atteint par une salle bacchique avec grotte artificielle, qui précédait un petit sanctuaire dans lequel un baldaquin en forme de *tholos* monoptère abritait une statue d'Aphrodite.

L'apport conjoint des fouilles et des écrivains nous permet de mieux comprendre en quoi consistaient les palais hellénistiques, et surtout qu'il n'y avait pas de type établi. Hormis la présence de colonnes sur une grande surface quadrangulaire, il n'y a pas de points communs entre les palais macédoniens et celui d'Aï-Khanoum, dont la conception est restée très fidèle aux modèles achéménides, qui se définissent par des forêts de colonnes dans des salles rectangulaires et l'existence d'un important secteur voué à l'économie. Pour que le prince soit au-dessus de ses sujets, tout en restant visible et disponible, la position dominante sur une hauteur aplanie en terrasse, accessible par des escaliers ou une rampe, est appréciée sans être une règle. Et si le palais de Démétrias en Thessalie est, dans son dernier état, une résidence fortifiée à quatre tours angulaires (*tétrapyrgia*), au même titre que celle d'"Iraq Al Amir en Jordanie, où le dynaste Hyrcan se donna la mort en 175, la ressemblance s'arrête là : les tours de la première, installée dans le respect du quadrillage urbain sur une colline non loin de l'*agora* sacrée, sont en saillie, alors que celles de la seconde, isolée, sont intégrées dans le plan ; le bâtiment de

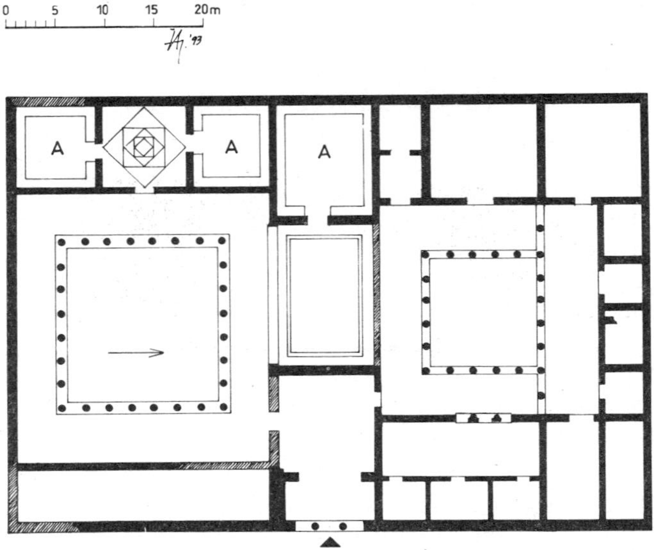

108. Plan de la Maison du Dionysos à Pella, avec ses deux cours péristyles (fin du IVe siècle).

Démétrias possédait un péristyle de type rhodien alors que le château de Hyrcan, ancré dans la tradition locale, mais doté d'un habillage hellénisé où les chapiteaux corinthiens d'inspiration alexandrine sont en bonne place, arborait une façade monumentale avec loggia à ciel ouvert et fenêtres à meneaux au-dessus d'un ample décor sculpté. Si un palais ou une grande résidence doit délibérément frapper par sa masse – c'est même une de ses raisons d'être –, il n'est pas possible de dire que tous avaient une allure compacte, à l'image des vieux palais du monde oriental, car ceux d'Alexandrie et de Pergame étaient des quartiers ou des districts regroupant des bâtiments divers. Outre la résidence de la famille royale, ils comprenaient des maisons pour les hôtes, des magasins pour les services et le stockage, des sanctuaires – puisque le monarque incarne aussi la fonction religieuse –, et même des tombeaux qui tiennent lieu d'*hérôon* dynastique, tel le *Séma* d'Alexandre et des rois ptolémaïques à Alexandrie, tandis que le culte de la dynastie pergaménienne avait été fondé en contrebas de la citadelle. Surtout, les rois patronnent des institutions culturelles et scientifiques : à Pergame comme en Macédoine ou à Alexandrie, le théâtre est proche du palais, dont le musée d'Alexandrie, qui devait contenir la fameuse bibliothèque, dépendait directement ; cependant qu'à Pergame la bibliothèque, avec ses rayonnages et ses statues sur socle, était une annexe du sanctuaire d'Athéna, lui-même rattaché au palais. C'est d'ailleurs par cet aspect culturel que les palais du monde grec se démarquent le plus de leurs prédécesseurs orientaux.

En fait, le palais de Pergame, au sommet de la citadelle fortifiée, consistait d'abord en un groupe de maisons à cour péristyle, qui ne se distinguent des autres que par leurs peintures et leurs magnifiques mosaïques, sans parler d'une balustrade d'étage à reliefs. Ce luxe intérieur est particulièrement sensible en Macédoine, où, à côté des palais, ont été dégagées des habitations remarquables par leur taille comme par leurs débordements décoratifs : à Pella, au dernier quart du IVe siècle, la Maison du Dionysos (3 160 m^{2}), à deux cours péristyles **[fig. 108]**, et celle du rapt d'Hélène (2 350 m^{2}) sont ainsi nommées d'après le sujet, apparemment influencé par la peinture contemporaine, des mosaïques de galets naturels qui ornaient leurs vestibules et leurs pièces de réception, comme elles recouvraient à la même époque certains sols du palais de Vergina. Des maisons de ce genre, qui sortent véritablement de l'ordinaire, ont été fouillées sur plusieurs autres sites grecs, jusqu'à Iaitas (Monte Iato) en Sicile, où la Maison à péristyle I comprend vingt-cinq pièces sur 820 m^{2}, avec une loge de concierge, une salle de bains, un atelier de foulon, et même un groupement de trois pièces qui peut correspondre à la zone de réception, ainsi qu'il en existe dans les palais de Vergina et de Pella. Cette maison sicilienne ne se privait pas de faire voir au-dessus de ses fresques murales plusieurs sortes de chapiteaux, dont un type composite où les quatre volutes d'angle sont des tiges d'acanthe fleuronnées, et un type « en sofa », plus sobre, qui couronnait déjà des pilastres à Pella.

Il est indéniable que le modèle palatial hellénistique, qui confond espaces privés, publics, profanes et religieux, si possible sur une citadelle, a dû influencer l'aménagement par Auguste du Palatin de Rome, où un sanctuaire d'Apollon jouxte une bibliothèque.

109. Péristyle de type rhodien
de la Maison du Trident, à Délos (IIe siècle).

7

L'épilogue romain

Par convention, tous les bâtiments construits en Grèce et en Asie Mineure après la paix d'Actium sont censés représenter l'architecture « romaine », quand bien même un grand nombre d'entre eux relève de la tradition locale et ne semble pas spécifiquement romain. Tant il est vrai que les techniques et les formes typiquement romaines n'ont pénétré que peu à peu un milieu habitué depuis plusieurs siècles à travailler des matériaux différents.

L'arrivée de l'architecture « romaine » en Grèce remonte en réalité au IIe siècle, et si nous songeons à l'intervention de Cossutius sur l'Olympieion d'Athènes (p. 171), nous voyons qu'elle n'opte pas nécessairement pour l'innovation, comme ce sera parfois le cas ailleurs : ainsi, les négociants italiens qui se sont installés à Délos paraissent avoir importé certaines formes architecturales, tels les autels de type « pompéien » près des carrefours.

En sens inverse, une architecture grecque a tout naturellement été exportée à Rome dès la seconde moitié du IIe siècle, après la réduction de la Macédoine en province romaine (146) et les événements qui s'ensuivirent ; c'était en somme le signe le plus visible de la conquête. L'architecte chypriote Hermodoros de Salamine, à qui l'on doit le temple de Jupiter Stator, un périptère ionique en marbre pentélique qui rompt clairement avec la tradition italique du temple prostyle sur *podium*, avait sans doute déplacé avec lui une équipe gréco-orientale de tailleurs de pierres, suivant une pratique courante. Leur compétence séculaire restant reconnue, le recours à des architectes de formation grecque se poursuivra longtemps à Rome, et *a fortiori* dans l'Empire romain. En Asie Mineure, la persistance des modèles hellénistiques est évidente, dans les plans, les formes et la modénature, tout comme dans les techniques, tandis que la création d'un nouveau répertoire est avant tout le fait de personnages ayant un lien direct avec Rome.

Si nous restons en Grèce, il convient de distinguer le cas des villes anciennes, qui évoluent doucement, et celui des colonies romaines, telle Corinthe refondée en 44, avec installation d'un forum bordé par trois basiliques au centre de la nouvelle cité, et même un petit amphithéâtre – monuments romains s'il en est – au nord-est de la ville.

Au total, les édifices bâtis dans le monde grec entre le Ier siècle av. et le IIe siècle ap. J.-C. ne présentent aucun caractère unitaire. À côté de ceux qui répondent à la définition habituelle de l'architecture romaine, utilisant du mortier et de la brique cuite plutôt qu'un grand appareil de pierres jointoyées – les thermes d'Argos en sont un bon exemple – ou affichant un plan dominé par la symétrie, l'axialité et la frontalité, avec un emploi constant de

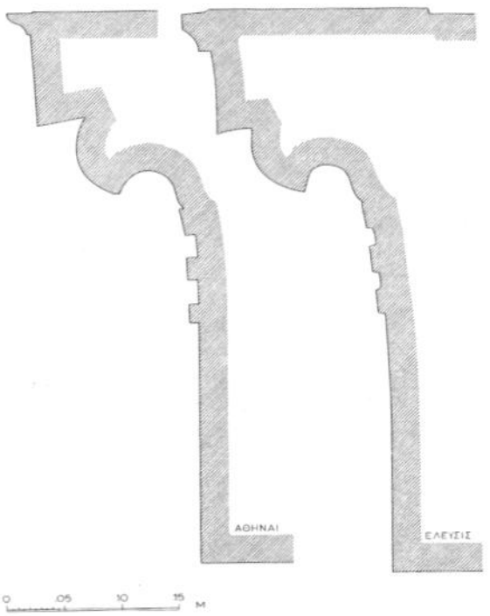

110. Profils comparés de moulures de couronnement : à g. les Propylées de l'Acropole d'Athènes (Ve siècle av. J.-C.), à dr. les Grands Propylées romains d'Éleusis (IIe siècle ap. J.-C.).

l'« ordre » corinthien – il suffit de regarder la bibliothèque d'Hadrien à Athènes –, bien d'autres s'inscrivent dans la continuité, d'une manière plus ou moins marquée.

Il faut mettre à part ceux qui relèvent d'une véritable renaissance néo-classique au IIe siècle ap. J.-C. Les Grands Propylées d'Éleusis copient la partie centrale des Propylées de Mnésiclès, dans leurs dimensions et dispositions comme par des détails techniques **[fig. 110]** : les colonnes sont bien doriques à l'extérieur et ioniques à l'intérieur, la charpente suit toujours le principe de l'empilement, et des crampons en double T sont visibles à côté d'autres en *pi*, plus clairement romains. Les différences résident avant tout dans une exécution assez médiocre, ainsi que dans l'intervention de l'*opus caementicium* ou encore dans l'absence de barres de fer pour armer les plafonds à caissons. Auparavant, Appius Claudius Pulcher, consul en 54, avait déjà choisi un style néo-attique pour les Petits propylées d'Éleusis, une œuvre éclectique qui présente d'un côté des chapiteaux figurés sous une architrave ionique et une frise dorique, de l'autre un couple de caryatides. Ce motif des caryatides a d'ailleurs remporté un indéniable succès dans le monde romain, qu'il restât ou non très proche du modèle athénien, et assurément toutes les *corai* en forme de supports ne paraissent pas avoir été simplement moulées sur leurs ancêtres de l'Acropole, comme celles que l'on a retrouvées au Forum d'Auguste à Rome en même temps qu'un chapiteau ionique tout aussi identique à ceux de l'Érechtheion.

Dans bien des cas, c'est une impression de mélange ou de synthèse qui prédomine. À l'ouest de l'antique *agora* d'Athènes désormais bien remplie (même avec des temples classiques qu'Auguste paraît avoir fait démonter en Attique pour les réinstaller en ville dans le cadre d'une entreprise de restauration religieuse), l'*agora* romaine, à fonction commerciale, est de plan ionien, avec des propylées doriques classicisants **[fig. 111]**, datés par une inscription de la dernière décennie du Ier siècle av. J.-C. En revanche, les latrines publiques qui bordent cette *agora* sont un bâtiment de type très impérial, lié à l'intérêt des Romains pour l'hygiène et l'hydraulique en général. On les rencontre aussi à Corinthe et à Philippes de Macédoine, non loin du forum. Elles seront toujours présentes dans les nombreux thermes qui s'élèvent désormais partout, souvent alimentés par de grands aqueducs.

Il est surtout aisé de pouvoir opérer des rapprochements avec des formes en usage à l'époque hellénistique. Ainsi, le plan de deux théâtres couverts destinés aux concerts, l'odéon d'Agrippa (en usage sur l'*agora* entre 15 av. et 150 ap. J.-C.) et celui offert par le riche Hérode Atticus vers 165 ap. J.-C. au pied de l'Acropole, fait songer à celui de nombreux *bouleutérions*, plus qu'à celui de l'odéon de Périclès, qui était une simple salle hypostyle **[fig. 62, *n°7 et 11*]**. De même, la mode des petites rotondes, monoptères ou non, qui se répand durant la période hellénistique tardive, s'est poursuivie avec des variations à l'époque augustéenne et plus tard encore. Sur l'Acropole d'Athènes, le temple rond de Rome et d'Auguste possédait des colonnes ioniques et imitait en plusieurs points la modénature de l'Érechtheion, tandis que la *tholos* octastyle qui s'est élevée au dernier tiers du Ier siècle ap. J.-C. sur l'*agora* d'Argos, avec un aménagement hydraulique complexe, avait des chapiteaux corinthiens et un toit couvert de tuiles en écailles emboîtées, un système qui se rencontrait déjà au Monument de Lysicrate et se retrouve sur d'autres édifices du même type connus à Délos (*tholos* de l'*agora* des Compétaliastes, au IIe siècle) ou encore à Corinthe (Monument de Babbius).

111. La porte de l'*agora* romaine d'Athènes au milieu du XVIIIe siècle, par J.-D. Le Roy.

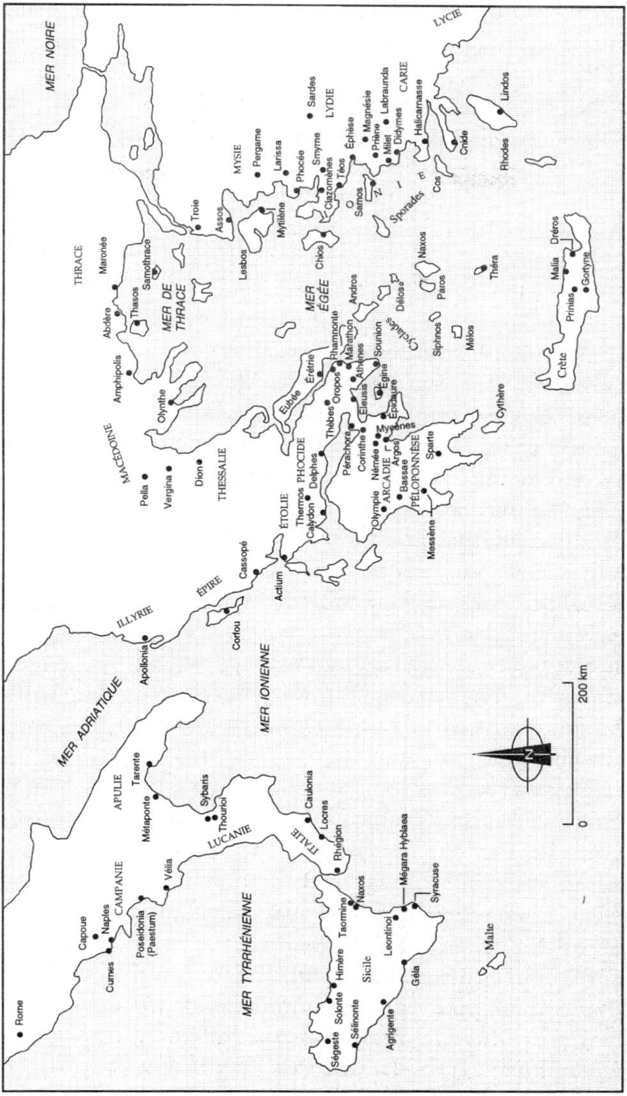

112. Carte du monde grec

Conclusion

Après une parenthèse de plusieurs siècles, les restes de l'architecture grecque antique, plus ou moins bien préservés (tous les temples n'eurent pas la chance d'être transformés en église, comme l'Héphaisteion), seront progressivement redécouverts par des adeptes du voyage en Orient, parmi lesquels figurent plusieurs architectes ou dessinateurs. Lorsqu'ils visitent Athènes aux XVIIe et XVIIIe siècles, ces pionniers ne cherchent guère à distinguer les ruines d'époque grecque de celles des temps romains – ils n'en ont d'ailleurs pas encore les moyens. En fait, ce sont les temples de Paestum et ceux de Sicile, plus faciles d'accès, qui bénéficièrent des premières études approfondies, ouvrant ainsi la voie à une connaissance sérieuse de l'architecture grecque.

Depuis l'Expédition scientifique de Morée en 1829, jusqu'au début du XXe siècle, nombreux sont les architectes qui, avec l'aide d'archéologues, se sont attelés à l'analyse de monuments grecs, suivant une méthode toujours valable : au relevé précis de l'état actuel des restes fait suite un essai de restitution sur le papier, justifié par diverses particularités des ruines comme par le recours à des documents parallèles. Il faut à la fois savoir dessiner, photographier – donc *regarder* –, et naturellement savoir écrire, en argumentant. Ces travaux de grande envergure, qui ont peu à peu donné naissance à des manuels d'enseignement[17], n'ont longtemps concerné que des édifices religieux. Puis, à l'examen des sanctuaires succéda celui de villes complètes, qui enserraient dans leurs murailles toutes sortes de bâtiments publics, ainsi que des maisons alignées le long de rues souvent orthogonales.

C'est dire si les caractères de l'architecture grecque sont à présent bien connus. Pour spectaculaires et bouleversantes que soient certaines découvertes récentes – on songe, bien sûr, aux tombes royales de Vergina –, elles n'ont pas fondamentalement modifié notre vision de cette architecture, elles ont juste accentué notre tendance à vouloir mieux définir les courants régionaux, ainsi qu'à rechercher l'origine exacte de certains plans ou motifs.

En définitive, il apparaît que l'essai de restauration représente la meilleure manière de saisir tous les détails constructifs d'un bâtiment grec. Dans la mesure où la pollution et les flux touristiques compromettent de plus en plus la survie des monuments, le problème de leur conservation fait aujourd'hui l'objet de longues réflexions d'experts internationaux. Il est désormais exclu de pratiquer la restauration maximale, si prisée jusqu'aux années 1950, sur la base d'une étude parfois rapide des blocs, et en utilisant des matériaux qui vieillissent mal ou provoquent finalement des dégâts (béton, armature de fer). Au contraire, l'anastylose telle qu'elle est prônée par la Charte de Venise (1964) est bien un « art de conserver et reconstruire des ruines » : elle implique de remettre les pierres exclusivement à leur place originelle – donc de connaître leur histoire, et parfois même de les traiter chimiquement – et d'en distinguer les parties peu ou mal connues, en préservant l'esthétique de l'ensemble, dans son environnement. Fondée sur un gros dossier archéologique,

17. Parmi lesquels se distingue celui d'Auguste Choisy, encore en partie utilisable : *Histoire de l'architecture*, tome I (Paris, 1899, rééd. 1964).

cette anastylose doit être réversible et n'accepter qu'une intégration minimale de nouveaux éléments, immédiatement reconnaissables.

Il va de soi que, dans ces études préalables à une restauration, les techniques informatiques occupent une place sans cesse plus importante, grâce à de puissants logiciels de dessin en trois dimensions, qui permettent de constituer de véritables bases de données architecturales. Elles serviront ensuite à tester des hypothèses, en vue du montage d'une maquette virtuelle de l'édifice.

Bibliographie

L'étude de l'architecture grecque implique la lecture de livres et d'articles spécialisés en allemand, anglais, grec moderne (de plus en plus) et italien. Les publications doivent être récentes, pour ne pas courir le risque d'être en partie dépassées. Celles que nous citons contiennent pour la plupart une bibliographie étendue.

Ouvrages généraux

W. B. DINSMOOR, *The Architecture of Ancient Greece* (Londres, 1950, 3e éd.) [commence à dater].

R. GINOUVÈS, R. MARTIN, *Dictionnaire méthodique de l'architecture grecque et romaine*, I (Rome, 1985) ; R. GINOUVÈS, *Dictionnaire méthodique de l'architecture grecque et romaine*, II (1992) ; III (1998).

H. KNELL, *Architektur der Griechen* (Darmstadt, 1988, 2e éd.).

A. W. LAWRENCE, *Greek Architecture* (Londres, 1996, 5e éd. revue).

R. MARTIN, *Manuel d'architecture grecque*, I : *Matériaux et techniques* (Paris, 1965).

R. MARTIN, *L'art grec* (Paris, 1994).

W. MÜLLER-WIENER, *Griechisches Bauwesen in der Antike* (Munich, 1988).

A. ORLANDOS, *Les matériaux de construction et la technique architecturale des anciens Grecs*, 2 vol. (Paris, 1966-1968).

R. A. TOMLINSON, *Greek and Roman Architecture* (Londres, 1995).

« Bulletin analytique d'architecture du monde grec » : paraît tous les deux ans dans la *Revue archéologique*, depuis 1992.

Les architectes, les artisans et la construction

A. BURFORD, *The Greek Temple Builders at Epidauros* (Liverpool, 1969).

J. J. COULTON, *Greek Architects at Work, Problems of Structure and Design* (Londres / Toronto, 1977).

L. HASELBERGER, « Architectural Likeness : Models and Plans of Architecture in Classical Antiquity », *Journal of Roman Archaeology*, 10, 1997, p. 77-94.

K. JEPPESEN, *Paradeigmata, Three Mid-Fourth Century Main Works of Hellenic Architecture Reconsidered* (Aarhus, 1958).

M. KORRES, *From Pentelicon to the Parthenon* (Athènes, 1995 ; en allemand : Munich, 1992).

H. LAUTER, *Zur gesellschaftlichen Stellung des bildenden Künstlers in der Griechischen Klassik* (Erlangen, 1974).

W. MÜLLER, *Architekten in der Welt der Antike* (Zurich / Munich, 1989).

G. ROUX, *L'amphictionie, Delphes et le temple d'Apollon au IVe siècle* (Lyon, 1979).
R. L. SCRANTON, « Greek Architectural Inscriptions as Documents », *Harvard Library Bulletin*, 14, 1960, p. 159-182.
H. SVENSON-EVERS, *Die griechischen Architekten archaischer und klassischer Zeit, Archäologische Studien,* 11 (Francfort / Berlin / Vienne, 1996).

Ordres, colonnes, murs

H. BAUER, *Korinthische Kapitelle des 4. und 3. Jahrhunderts v. Chr.* (Berlin, 1973).
O. BINGÖL, *Das ionische Normalkapitell in hellenistischer und römischer Zeit in Kleinasien* (Tübingen, 1980).
J. J. COULTON, « Towards Understanding Doric Design, The Stylobate and Intercolumniation », *Annual of the British School at Athens*, 69, 1974, p. 61-86.
G. GRUBEN, « Das älteste marmorne Volutenkapitell », *Istanbuler Mitteilungen*, 39, 1989, p. 161-172.
G. ROCCO, *Guida alla lettura degli ordini architettonici antichi,* I, *Il dorico* (Naples, 1994).
R. L. SCRANTON, *Greek Walls* (Cambridge, Mass., 1941).
L. T. SHOE, *Profiles of Greek Mouldings*, 2 vol. (Cambridge, Mass., 1936) ; *Profiles of Western Greek Mouldings* (Rome, 1952).
D. THEODORESCU, *Le chapiteau ionique grec, essai monographique* (Genève, 1980).
B. WESENBERG, *Kapitelle und Basen* (Düsseldorf, 1971).

Types d'édifices

P. CIANCIO ROSSETTO, G. PISANI SARTORIO *et al.*, *Teatri greci e romani, alle origini del linguaggio rappresentato*, 3 vol. (Rome, 1994).
J. J. COULTON, *The Architectural Development of the Greek Stoa* (Oxford, 1976).
J. DELORME, *Gymnasion, Étude sur les monuments consacrés à l'éducation en Grèce* (Paris, 1960).
Les fortifications grecques de Mycènes à Alexandre, Dossiers d'archéologie, 172, juin 1992.
R. GINOUVÈS, *Balaneutikè, Recherches sur le bain dans l'Antiquité grecque* (Paris, 1962).
J. W. GRAHAM, « Origins and Interrelations of the Greek House and the Roman House », *Phoenix*, 20, 1966, p. 3-31.
G. GRUBEN, *Die Tempel der Griechen* (Munich, 1986, 4e éd.) ; à compléter par Id., « Il tempio », dans S. SETTIS éd., *I Greci*, II, 1, *Formazione* (Rome, 1996), p. 381-434.
W. HOEPFNER, E.-L. SCHWANDNER, *Haus und Stadt im klassischen Griechenland* (Munich, 1994, 2e éd.).
P. LERICHE, H. TRÉZINY éd., *La fortification dans l'histoire du monde grec, Actes du colloque international* (Paris, 1986).
D. MERTENS, *Der Tempel von Segesta und die dorische Tempelbaukunst des griechischen Westens in klassischer Zeit* (Mayence, 1984).
D. G. ROMANO, *Athletics and Mathematics in Archaic Corinth, The Origins of the Greek Stadion, Memoirs of the American Philosophical Society,* 206 (Philadelphia, 1993).
F. SEILER, *Die griechische Tholos* (Mayence, 1976).
S. VON THÜNGEN, *Die frei stehende griechische Exedra* (Mayence, 1994).
R. TÖLLE-KASTENBEIN, *Antike Wasserkultur* (Munich, 1990).
C. G. YAVIS, *Greek Altars* (St Louis, Mo, 1949).

Ensembles d'édifices, urbanisme

E. GRECO, M. TORELLI, *Storia dell'urbanistica. Il mondo greco* (Rome, 1983).
N. MARINATOS, R. HÄGG éd., *Greek Sanctuaries, New Approaches* (New York / Londres, 1993).
R. MARTIN, *Recherches sur l'agora grecque* (Paris, 1951).
R. MARTIN, *L'urbanisme dans la Grèce antique* (Paris, 1974, 2e éd.).
R. A. TOMLINSON, *Greek Sanctuaries* (Londres, 1976).

Les débuts

H. DRERUP, *Griechische Baukunst in geometrischer Zeit* (Göttingen, 1969) [en partie dépassé].
A. J. MAZARAKIS AINIAN, *From Ruler's Dwellings to Temples, Architecture, Religion and Society in the Early Iron Age Greece, Studies in Mediterranean Archaeology*, 121 (Jonsered, 1997).
M. R. POPHAM, P. G. CALLIGAS, L. H. SACKETT éd., with J. COULTON and H. W. CATLING, *Lefkandi* II, *The Protogeometric Building at Toumba, Part 2, The Excavations, Architecture and Finds, British School of Archaeology Suppl.*, 23 (Oxford, 1993).
R. TREUIL *et al.*, *Les civilisations égéennes du Néolithique et de l'âge du bronze* (Paris, 1989).

Époque archaïque

J. DES COURTILS, J.-Ch. MORETTI éd., *Les grands ateliers d'architecture dans le monde égéen du* VI*e* *s. av. J.-C., Actes du colloque d'Istanbul, 1991, Varia Anatolica*, III (1993).
F. LANG, *Archaische Siedlungen in Griechenland, Struktur und Entwicklung* (Berlin, 1996).
A. OHNESORG, *Architektur auf Naxos und Paros*, II, *Inselionische Marmordächer* (Berlin, 1993).
N. A. WINTER, *Greek Architectural Terracottas from the Prehistoric to the End of the Archaic Period, Oxford Monographs on Classical Archaeology* (Oxford, 1993).

Époque classique

I. S. MARK, *The Sanctuary of Athena Nike in Athens, Architectural Stages and Chronology, Hesperia Suppl.*, 26 (1993).
J. M. PATON, G. P. STEVENS *et al.*, *The Erechtheum* (Cambridge, Mass., 1927).
P. TOURNIKIOTIS éd., *The Parthenon and its Impact in Modern Times* (Athènes, 1994).

Époque hellénistique

J. FEDAK, *Monumental Tombs of the Hellenistic Age, A Study of Selected Tombs from the Pre-Classical to the Early Imperial Era, Phoenix Suppl.*, 27 (Toronto, 1990).
W. HOEPFNER, G. BRANDS éd., *Basileia, Die Paläste der hellenistischen Könige* (Mayence, 1996).
W. HOEPFNER, E.-L. SCHWANDNER éd., *Hermogenes und die hochhellenistische Architektur, Intern. Kolloquium Berlin, 1988* (Mayence, 1990).
H. LAUTER, *Die Architektur des Hellenismus* (Darmstadt, 1986).
I. NIELSEN, *Hellenistic Palaces* (Aarhus, 1994).
F. RUMSCHEID, *Untersuchungen zur kleinasiatischen Bauornamentik des Hellenismus* (Mayence, 1993).

Époque romaine

S. MACREADY, F. H. THOMPSON éd., *Roman Architecture in the Greek World* (Londres, 1987).

Monographies de sites et de régions

Argolide :
G. ROUX, *L'architecture de l'Argolide aux* IV*e* *et* III*e* *s. avant J.-C.* (Paris, 1961).

Asie Mineure :
E. AKURGAL, *Griechische und römische Kunst in der Türkei* (Munich, 1986).

Athènes et Attique :
J. M. CAMP, *The Athenian Agora* (Londres, 1992, 2e éd. revue).
R. ECONOMAKIS éd., *Acropolis Restoration, The CCAM Interventions* (Londres, 1994).

W. Hoepfner éd., *Kult und Kultbauten auf der Akropolis, Internationales Symposium, 1995* (Berlin, 1997).
L. Schneider, Ch. Höcker, *Die Akropolis von Athen* (Cologne, 1990).
J. Travlos, *Bildlexikon zur Topographie des antiken Athen* (Tübingen, 1971 / version angl., Londres) ; *Bildlexikon zur Topographie des antiken Attika* (Tübingen, 1988).

Délos :
Ph. Bruneau, J. Ducat, *Guide de Délos* (Paris, 1983, 2e éd.).
Ph. Fraisse, Ch. Llinas, *Exploration archéologique de Délos,* XXXVI, *Documents d'architecture hellénique et hellénistique* (Paris, 1995).
M.-Ch. Hellmann, *Recherches sur le vocabulaire de l'architecture grecque, d'après les inscriptions de Délos* (Athènes / Paris, 1992).

Delphes :
J.-F. Bommelaer, *Guide de Delphes : le site* (Paris, 1991).
J.-F. Bommelaer dir., *Marmaria, le sanctuaire d'Athéna à Delphes* (Paris, 1997).

Éphèse :
A. Bammer, « Les temples d'Artémis », *Le Monde de la Bible*, 64, mai-juin 1990, p. 10-16.
A. Bammer, U. Muss, *Das Artemision von Ephesos* (*Sonderhefte der antiken Welt,* Mayence, 1996).

Érétrie :
P. Ducrey, I. R. Metzger, K. Reber, *Eretria, Fouilles et recherches, VIII, Le Quartier de la Maison aux Mosaïques* (Lausanne, 1993).

Grande-Grèce :
D. Mertens, *Der alte Heratempel in Paestum und die archaische Baukunst in Unteritalien* (Mayence, 1993).
G. Pugliese Carratelli dir., *Megale Hellas* (Milan, 1986, 2e éd.).

Halicarnasse :
W. Hoepfner, « Zum Maussolleion von Halikarnassos », *Archäologischer Anzeiger,* 1996, p. 95-114.

Macédoine :
M. Andronikos, *Vergina, The Royal Tombs and the Ancient City* (Athènes, 1984).
R. Ginouvès *et al., La Macédoine, de Philippe II à la conquête romaine* (Paris, 1993).

Olympie :
A. Mallwitz, *Olympia und seine Bauten* (Munich, 1972).

Pergame :
W. Radt, *Pergamon* (Cologne, 1988).

Samos :
H. Kyrieleis, *Führer durch das Heraion von Samos* (Athènes, 1981).

Sicile :
G. de Miré, F. Villard, *Sicile grecque* (Paris, 1955).
G. Pugliese Carratelli dir., *Sikanie* (Milan, 1989, 3e éd.).

Thasos :
Y. Grandjean, *Recherches sur l'habitat thasien à l'époque grecque*, 2 vol. (Athènes / Paris, 1988).
Guide de Thasos (EFA / Paris, 1998, 2e éd.).

Glossaire

abaque (m.) : partie supérieure, parallélépipédique, du chapiteau. Le synonyme « tailloir » vaut plutôt pour l'architecture médiévale et moderne.
abside (f.), **absidal** (adj.) : (s'applique à) une partie d'une pièce, normalement en arc de cercle, formant saillie (fig. 26, 27). Il faut éviter la confusion avec l'**exèdre**.
acropole (f.) : partie la plus élevée de la ville, sur une colline ou une éminence, qui constitue une défense naturelle (fig. 25, 48, 62, 97).
acrotère (m.) : élément sculpté (figure, ornement) qui décore les angles et le sommet du **fronton** d'un bâtiment.
adyton (m.) : en grec, local fermé au fond d'un temple ou dans une crypte, où n'ont accès que certains desservants du culte.
agora (f.) : en grec, espace public, à fonctions multiples (fig. 18, 49, 87).
amphiprostyle (adj.) : qui est **prostyle** à l'avant et à l'arrière. Voir p. 56 et fig. 22.
anaktoron (m.) : en grec, la maison du chef, d'où le palais. Se dit aussi pour la petite zone réservée aux initiés, dans les bâtiments servant aux cultes à mystères.
anathyrose (cadre d') (f.) : sur une face de joint d'un bloc, bandeau périphérique lissé à la râpe et poli, pour réaliser la jonction entre deux blocs (fig. 2).
andrôn (m.) : en grec, salle de réception pour les hommes (fig. 74).
ante (f.) : extrémité d'un mur, avec un **pilastre** surmonté d'un chapiteau d'un type particulier ; ***in antis*** : expression latine appliquée couramment à des supports entre deux antes (fig. 22).
antéfixe (f.) : en bordure et au faîte d'un toit, élément décoré au bout de la tuile couvre-joint (fig. 35).
appareil (m.) : maçonnerie, assemblage d'éléments mis en place dans une construction. Voir p. 50-53 pour les différentes sortes d'appareils de mur.
architrave (f.) : pièce horizontale placée au-dessus des colonnes ou des piliers, dans l'**entablement** (voir fig. 9, 12, 53). Elle porte la **frise**.
astragale (m.) : petite moulure convexe, parfois décorée de perles alternant avec des disques vus de profil, les pirouettes.
atlante (m.) : support architectural en forme de figure masculine (fig. 79).
baldaquin (m.) : construction dont l'espace intérieur n'est délimité que par des colonnes ou des **caryatide**s. Dans la ***sima* à baldaquin**, la tuile de bordure du toit se projette fortement au-dessus des fausses gargouilles (fig. 56).
balustre (m.) : face convexe du chapiteau ionique, reliant deux volutes.
bardeau (m.) : planchette de revêtement.

barlong (adj.) : se dit d'un édifice dont l'entrée se présente sur un long côté.
base ionique-attique (ou **attico-ionique**) (f.) : en profil à plan horizontal, combine une **scotie** (moulure concave) entre deux **tores** (moulures convexes). Voir fig. 13.
bâtière (toit en) (f.) : toit en double versant.
bec-de-corbin (m.) : moulure verticale dont la courbure évoque un bec de corbeau (fig. 110).
bossage (m.) : dans l'**appareil** ou le style à bossage, la face visible du bloc est en saillie irrégulière, avec des « bosses ».
bouleutérion (m.) : en grec, la salle du Conseil, normalement couverte (fig. 88).
canon (m.) : le mot grec désignant une règle est appliqué par les archéologues à un ensemble de règles donnant les proportions idéales en sculpture, mais aussi aux caractères formels d'un ordre architectural, à l'époque classique. Voir p. 32-33.
carreau (m.) : bloc qui montre en façade, dans un mur, sa surface la plus grande.
caryatide (f.) : support architectural en forme de figure féminine (fig. 64), dite aussi *corè* (pl. : *corai*).
caulicole / caulicule (m.) : grosse tige végétale du chapiteau corinthien. Voir p. 43 et fig. 15.
cavea (f.) : en lat., l'ensemble des gradins, en forme de conque, dans un théâtre. Équivaut au grec ***koilon***.
cella (f.) : en lat., la salle principale d'un temple, dite en grec ***naos***.
cénotaphe (m.) : tombe qui ne renferme pas le défunt.
chaînage (m.) : synonyme d'armature. S'applique principalement à des poutres qui assurent la liaison dans des **appareil**s de pierres ou de briques.
chôra (f.) : en grec, territoire.
ciste (tombe à) (f.) : tombe à fosse avec des parois garnies de dalles. Peut être monumentale.
clavé (adj.) : s'applique à un arc fait d'éléments rayonnants, les claveaux ou voussoirs, en forme de coins, retenus par un élément central, la clef.
console (f.) : élément portant en saillie, mouluré.
contraction angulaire (f.) : voir p. 35 et fig. 10.
courtine (f.) : dans le tracé d'une fortification, portion de mur entre deux tours.
crépis (f.) : au-dessus des fondations, plate-forme à degrés qui porte un bâtiment (fig. 7). Le degré supérieur, sur lequel se dressent les colonnes, est le **stylobate**. C'est à ce niveau que sont prises les mesures.
croupe (toit à) (f.) : toit à trois versants, le troisième étant une croupe ronde.
cyclopéen (adj.) : se dit d'un **appareil** de mur en gros blocs bruts ou à peine travaillés, comme s'il avait été monté par des Cyclopes.
denticules (m. pl.) : sous la corniche ionique, éléments quadrangulaires en saillie, comme des têtes de poutres. Voir fig. 12.
diptère (adj.) : se dit d'un temple entouré d'une double rangée de colonnes (fig. 24, 31, 51). Il est **pseudo-diptère** si la ***péristasis*** intérieure n'existe pas, alors que son espace est préservé (fig. 18).
distyle (adj.) : à deux colonnes.
doucine (f.) : moulure à profil successivement convexe puis concave, donc en S.
dromos (m.) : en grec, grand couloir d'accès.
ébrasée (adj.) : se dit d'une baie dont les faces verticales divergent obliquement.
ecclésiastérion (f.) : en grec, bâtiment pour les réunions de l'*ecclésia*, l'Assemblée du peuple (fig. 59).
échine (f.) **:** partie circulaire, de profil variable, du chapiteau dorique ; partie centrale correspondante du chapiteau ionique.

édilitaire (adj.) : se dit d'une construction favorisée par un édile, haut personnage ou magistrat.
encorbellement (voûte en) (m.) : mode de construction circulaire où les blocs se superposent en surplomb (« en corbeau ») progressif, pour finalement se rejoindre.
entablement (m.) : empilement horizontal **architrave**-**frise**-corniche, au-dessus des colonnes ou des piliers.
entasis (f.) : en grec, galbe, léger renflement du fût. Voir p. 38-39 et fig. 6.
entraxe (m.) : distance entre les axes de deux colonnes. Elle est donc plus élevée que l'**entrecolonnement** (m.), espace libre entre deux colonnes, à la base.
exèdre (f.) : désigne tantôt, dans un bâtiment, une pièce en saillie pourvue de bancs, tantôt un petit monument autonome fait d'un banc et d'un mur-dosseret, souvent surmonté de statues. Dans les deux cas, le plan peut être rectangulaire ou semi-circulaire. Voir **abside**.
ex-voto (m.) : mot lat. pour une offrande dédicatoire, faite à une divinité dans un sanctuaire.
faîte (m.), **faîtier** (adj.) : (se dit de) l'arête au sommet d'un toit à double versant.
fasces (f. pl.) : bandes horizontales en saillie progressive, sur l'**architrave** ou sur un cadre de porte.
feuille (f.) **d'eau** : motif décoratif en forme de feuille longue et nervurée.
frise (f.) : dans l'**entablement,** se place au-dessus de l'**architrave**. La *frise dorique* alterne des **triglyphes** et des **métopes** ; la *frise ionique* est un bandeau continu, qui peut également recevoir un décor. Voir fig. 9 et 12.
fronton (m.) : dans le petit côté d'un édifice dont le toit est à double pente, partie supérieure du mur, en forme de triangle encadré, qui se trouve sous le toit. L'intérieur de ce triangle est appelé **tympan** ; s'il est dépourvu de corniche horizontale, c'est un **pignon**.
geison (m.) : en grec, corniche.
gorgerin (m.) : à la base d'un chapiteau dorique en galette, zone recreusée, souvent décorée de **feuilles d'eau** dressées (fig. 55).
hécatompédon (m.) : terme grec appliqué par les archéologues (souvent de manière abusive, hypothétique) à un édifice ou un espace mesurant 100 pieds (fig. 50).
hérôon (m.) : enclos funéraire ou tombeau monumental, de forme très variée, destiné à un héros, et par extension à un personnage important (fig. 102).
hestiatorion (m.) : en grec, salle de banquets publics. Nécessaire dans un sanctuaire.
hexastyle (adj.) : à six colonnes (fig. 23).
hypèthre (adj.) : désigne un espace à l'air libre. Voir p. 56 et fig. 24, 92.
hypogée (m.) : tombeau souterrain.
hypostyle (adj.) : s'applique à une salle où s'élève un grand nombre de colonnes, qui supportent la toiture (fig. 17). Ce genre de salle doit être d'origine égyptienne.
insula (f.) : en lat., îlot ou bloc de constructions, entouré de rues.
isodome (adj.) : s'applique à un **appareil** de mur où les blocs sont de même hauteur et de même longueur (fig. 13).
jour (m.) : petite baie destinée à l'éclairage et à l'aération, alors que la fenêtre sert d'abord à la vue.
koilon (m.) : équivalent grec du lat. ***cavea.***

kymation (m.) : en grec, moulure. Le sens exact du mot est habituellement précisé par un adjectif (dorique : avec un décor de **feuilles d'eau** recourbées en **bec-de-corbin** ; ionique : avec un décor d'**oves** ; lesbique : avec un décor de **rais de cœur**).
lanterneau (m.) : petit toit surélevé protégeant une ouverture du toit principal.
larmier (m.) : partie saillante de la corniche, pour rejeter les eaux de pluie. Voir p. 34.
listel (m.) : petit bandeau plat.
lit d'attente, lit de pose (m.) : respectivement la face supérieure et la face inférieure d'un bloc travaillé.
louve (f.) : instrument de levage des blocs. Voir p. 22-24 et fig. 4.
mégaron (m.) : terme homérique traditionnellement employé pour qualifier, dans l'architecture de l'Âge du Bronze, une grande salle rectangulaire fermée, parfois **absidale**, avec en général un **porche** en façade (fig. 25). Malgré son imprécision, le terme a subsisté à l'époque classique pour désigner une pièce intérieure dans un temple.
mesure (unité de) (f.) : la mesure de longueur utilisée par les Grecs est le pied, divisé en 16 dactyles ; 100 pieds = 1 plèthre ; 1 stade = 6 plèthres ou 600 pieds. Les plus connus sont le pied dorique valant de 32,55 à 32,75 cm, le pied attico-cycladique valant de 29,4 à 29,5 cm, et le pied ionique, de 34,8 à 35 cm. Les variations de chaque pied s'expliquent par celles des règles antiques, qui peuvent diverger jusqu'à 8 mm/m, soit env. 2,5 mm/pied. Mais bien d'autres unités sont attestées, parmi lesquelles un pied de 32,2 cm ou un de 30,1 à 30,2 cm. L'unité choisie par l'architecte antique ne peut être valablement établie qu'à partir de l'examen des particularités de chaque édifice, surtout des mesures des blocs importants, et non être prise d'office parmi les pieds connus pour avoir déjà été employés, dans une région et à une date données. Voir aussi **module**.
métope (f.) : dans la **frise** dorique, plaque rectangulaire, décorée ou non, entre les **triglyphes**.
modénature (f.) : ensemble des caractéristiques des moulures d'un édifice ou d'une de ses parties.
module (m.) : étalon qui détermine les proportions dans une construction. C'est souvent le diamètre de la colonne.
monolithe (adj.) : fait d'un seul bloc de pierre.
monoptère (adj. et substantif m.) : désigne une construction où une ligne externe de supports n'entoure pas une véritable ***cella***. C'est donc une sorte de **baldaquin**.
mur-épi (m.) : mur portant, en éperon sur un autre.
mutule (f.) : voir p. 36.
naos (m.) : en grec, désigne le temple et surtout son noyau, sa pièce principale, qu'on nomme en lat. ***cella.*** Le diminutif ***naïskos*** s'applique à une sorte de chapelle.
octastyle (adj.) : à huit colonnes.
odéon (m.) : théâtre couvert, destiné à toutes sortes de réunions, mais principalement aux auditions musicales (fig. 62, *n°11*). Est connu dans l'architecture romaine.
oikos (m.) : terme grec couramment employé pour désigner une simple salle rectangulaire (fig. 22). C'est la forme de nombreux temples sans ***péristasis***. Pour l'*oikos* dans l'habitat, voir p. 140.
opisthodome (m.) : à l'arrière du temple, espace symétrique du ***pronaos***. Normalement, ne communique pas avec le ***naos***.

opus caementicium (m.) : en lat., blocage d'éclats rocheux et de cailloux dans du mortier.
orchestra (f.) : dans le théâtre, espace situé entre les gradins et le bâtiment de scène (fig. 98, 99).
ordre (m.) : voir p. 31-33, et fig. 9, 12.
orthostate (m.) : grand **carreau** dressé sur un petit côté. L'existence de ce genre de blocs est due au vieux socle de pierres qui portait les murs en briques.
ove (m.) : motif en forme de demi-œuf, pointe en bas, largement utilisé dans le répertoire décoratif en alternance avec des pointes.
parement (m.) : face visible d'un mur.
parpaing (m.) : pierre qui traverse un mur de part en part, de sorte que ses deux faces opposées sont visibles.
pastas (f.) : en grec, portique. Une « maison à *pastas* » possède une colonnade devant les pièces bordant sa cour au nord. Voir p. 90 et fig. 74.
péribole (m.) : mur d'enceinte d'un sanctuaire.
périptère (adj.) : se dit d'un temple entouré d'une colonnade sur les quatre côtés. Fig. 22.
péristasis (f.) : en grec, galerie à colonnade autour d'un temple **périptère**.
péristyle (adj. et substantif m.) : s'applique à la colonnade entourant un espace, en général une cour intérieure (fig. 17, 109).
phiale (f.) : motif décoratif en forme de coupe plate.
pignon (m.) **:** voir **fronton**.
pilastre (m.) : demi-pilier, plus décoratif que portant, appliqué contre un mur.
podium (m.) : mot lat. désignant, dans l'architecture grecque comme dans l'architecture romaine, le soubassement élevé d'un ou de plusieurs édifices.
porche (m.) : devant la porte d'entrée, partie en saillie, encadrée de murs ou de colonnes.
poros (m.) : ce terme grec, aussi imprécis que couramment employé dans les textes spécialisés, s'applique à des calcaires clairs et granulaires, des sortes de **tufs**.
poterne (f.) : petite porte protégée, dans une muraille (fig. 72).
pronaos, ou ***prodomos*** (m.) : pièce en avant du ***naos***. Parfois symétrique de l'**opisthodome** (voir ces mots).
propylon (m.), **propylées** (m. pl.) : porte monumentale d'un sanctuaire ou d'un grand édifice (fig. 13).
proskènion (m.) : en grec, haute estrade en avant du bâtiment de scène (la *skènè*) d'un théâtre. Elle peut avoir une colonnade en façade, portant des panneaux décorés (fig. 99).
prostas (f.) : en grec, désigne un « espace en avant ». Employé dans l'expression « maison à *prostas* », où une pièce est séparée de la cour par une sorte de **porche**. Voir p. 190 et fig. 103.
prostyle (adj.) : colonnade dont les premier et dernier éléments sont dans le prolongement des murs d'**antes**, et non dans leur encadrement (fig. 22).
pseudo-diptère (adj.) : voir **diptère**.
queue-d'aronde (f.) : terme ancien pour une queue d'hirondelle, soit la forme évasée d'un type de scellement horizontal des pierres, en usage au VIe siècle surtout. Fig. 3.
raffinements (m. pl.) : voir p. 37-39 et fig. 6, 11.
rais de cœur (m. pl.) : décor linéaire où des éléments en forme de cœur alternent avec des dards.
refend (mur de) (m.) : mur qui divise l'intérieur d'une construction.

réglage (assise de) (m.) : au-dessus des fondations, assise où s'établit, à la règle, l'horizontalité de l'édifice. Fig. 2 et 7.
regula (f.) : mot lat. désignant, dans l'ordre dorique, la réglette où pendent de grosses gouttes, au-dessus de chaque **triglyphe**.
retours (à) (m. pl.) : se dit d'une colonnade antérieure dont les deux extrémités se retournent à angle droit vers le reste du bâtiment. Voir fig. 58, G.
rinceau (m.) : décor végétal fait d'une tige à enroulements de volutes, feuilles, fleurs.
scotie (f.) : moulure horizontale concave.
sékos (m.) : en grec, c'est d'abord l'enceinte consacrée à une divinité, puis l'espace compris entre les murs du temple.
Sept Merveilles du monde (les) : liste de chefs-d'œuvre artistiques élaborée au IIIe siècle av. J.-C., sans doute à Alexandrie, et qui rassemble des monuments jugés exceptionnels sur le plan technique ou esthétique. La liste canonique rassemble les Jardins suspendus de Babylone, les Pyramides d'Égypte, la statue de Zeus dans le temple d'Olympie, le Colosse de Rhodes, les Murailles de Babylone, le temple d'Artémis à Éphèse, le Mausolée d'Halicarnasse.
sima (f.) : Vitruve désigne ainsi ce que nous nommons « chéneau », c'est-à-dire une articulation de tuiles à rebord développé pour guider les eaux de ruissellement, comme une gouttière (fig. 8). Il faut éviter de confondre cet élément avec la cimaise, terme inusité en architecture grecque.
sofa (chapiteau en) (m.) : chapiteau de **pilastre** à petites volutes latérales qui rappellent les appuis du siège ainsi nommé au XIXe siècle. Répandu dans tout le monde grec, il pourrait être d'origine péloponnésienne.
soffite (m.) : **lit** inférieur, restant visible, d'un bloc engagé dans une construction.
stoa (f.) : en grec, portique.
stylobate (m.) : voir ***crépis***.
téménos (m.) : en grec, portion de terrain attribuée à un dieu. Par extension, peut être synonyme de sanctuaire.
tétrastyle (adj.) : à quatre colonnes.
tholos (f.) : en grec, rotonde (fig. 68-69).
tore (m.) : moulure horizontale convexe, de largeur supérieure à l'**astragale**.
travée (f.) : synonyme d'**entrecolonnement**.
trésor (m.) : édifice en forme de petit temple à ***pronaos***, souvent **distyle *in antis***, élevé par une cité dans un sanctuaire pour servir de coffre-fort à des offrandes, qui constituent alors un « trésor ». Ils sont particulièrement nombreux à Delphes (fig. 43, 47) et à Olympie.
triglyphe (m.) : dans la **frise** dorique, plaque rectangulaire creusée de canaux verticaux. Alterne avec les **métopes**.
tristyle (adj.) : à trois colonnes.
tuf (m.) : terme général pour diverses variétés de roches tendres.
tumulus (m.) : mot lat., pour un tertre funéraire (ou un tell, au Proche-Orient). C'est un amoncellement de terre au-dessus d'une tombe, de taille et de forme diverses.
tympan (m.) : voir **fronton**.
xyste (m.) : piste couverte du gymnase, avec un sol aplani pour l'entraînement à la course (fig. 91).

Index
des noms de lieux et de personnes

N.B. Les archéologues emploient souvent un nom ou surnom de divinité, ou de héros, avec le suffixe de lieu -eion, -aion, pour désigner un temple (Érechtheion, Olympieion d'Athènes) ou, plus rarement, un sanctuaire complet (Héraion d'Argos, Sarapieion A et B de Délos).

Origine des illustrations

1 : Jeppesen, 1958. 2, 3, 7, 35, 44, 88, 109 : clichés École française d'Athènes. 4, 5 : Fraisse, Llinas, 1995. 6 : L. Haselberger, dans *Rev. Archéologique,* 1990. 8, 60, 82, 83 : clichés ENSBA, Paris (8 : dessin M. Lambert, 1877 ; 60 : dessin V. Laloux, 1883 ; 83 : dessin E. Pontremoli, 1895). 9, 12 : d'après Müller, 1989, revu. 10 : H. Koch, *Studien zum Theseustempel in Athen* (1955). 11 : Coulton, 1977. 13, 15 : A. Frazer, *Samothrace,* 10, *The Propylon of Ptolemy II* (1990). 14 : J. Boehlau, K. Schefold, *Larisa* I (1940). 16 : *Guide de Delphes,* 1991. 17 : Coulton, 1976. 18 : C. Humann, *Magnesia am Mäander* (1904). 19 : dessin J.-P. Adam dans Ginouvès, Martin, 1985. 20 : dessin G. Charpentier d'après Martin, 1965. 21 : dessin G. Charpentier d'après *Exploration archéologique de Délos,* II, *La salle hypostyle* (1909). 22, 67 : H. Berve, G. Gruben, M. Hirmer, *Griechische Tempel und Heiligtümer* (1978). 23, 80 : Mertens, 1984. 24 : R. Tölle-Kastenbein, *Das Olympieion in Athen* (1994). 25 : dessin W. Dörpfeld complété par K. Kilian, *Ausgrabungen in Tiryns* (1976). 26 : *Lefkandi* II, 1993. 27 : D'après *Antike Kunst,* 17, 1974, p. 70. 28 : G. Oikonomos dans *Archaiol. Ephemeris,* 1931. 29, 32 : I. Beyer, *Die Tempel von Dreros und Prinias A* (1976). 30 : A. Kampitoglou, *Archaiologiko Mousio Androu, Odigos* (1988). 31 : A. Bammer dans *Le Monde de la Bible,* mai-juin 1990. 33, 95 : Mallwitz, 1972. 34 : H. S. Robinson dans *Athenische Mitteilungen,* 99, 1984. 35 : Winter, 1993. 36 : G. Rodenwalt, *Korkyra I,* (1939-1940). 37, 64, 111 : clichés BNF, Paris. 39 : E.-L. Schwandner, *Der ältere Porostempel der Aphaia auf Aegina* (1985). 40 : G. Gruben dans *Les grands ateliers d'architecture...,* 1993. 41 : G. Gruben dans *Säule und Gebälk...* (1996), p. 67. 42 : Y. Fomine dans P. Amandry, *La Colonne des Naxiens et le Portique des Athéniens, Fouilles de Delphes* II (1953). 43 : E. Hansen *et al., Le Trésor de Siphnos, Fouilles de Delphes* II (1987). 44 : Gruben, 1989. 45 : H. Bankel, *Der spätarchaische Tempel der Aphaia auf Aegina* (1993). 46, 90 : clichés M.-Ch. Hellmann. 48 : Travlos, 1971. 49, 87 : I. Travlos dans J. M. Camp, 1992. 50, 51 : Kyrieleis, 1981. 52 : dessin F. Krischen corrigé par A. Bammer. 53 : D. Mertens dans *Säule und Gebälk...* (1996). 54 : E. Greco, D. Theodorescu, dans *Comptes rendus de l'Académie des Inscriptions et Belles-Lettres,* 1994, p. 228. 55, 56 : Mertens, 1993. 57 : F. Krauss, *Die Tempel von Paestum* I (1959). 58 : Dinsmoor, 1950. 59 : D. Mertens dans *Bautechnik der Antike* (1991). 61 : F. Courby, *Exploration archéologique de Délos,* XII (1931). 62 : d'après Coulton, 1976, revu. 63 : W. Hoepfner dans *Bautechnik der Antike* (1991). 65, 69 : J. Cami dans Roux, 1961. 66 : D. Svolopoulos et D. Kouliadis, *Naos Épikouriou Apollônos Vassôn, Architektoniki Meleti* (1995). 68 : D. Laroche dans *Delphes, Centenaire de la « Grande fouille »...* (1992). 70 : Bauer, 1973. 71 : Travlos, 1988. 72, 81, 86 : J.-P. Adam, *L'architecture militaire grecque* (1982). 73 : A. von Gerkan, *Griechische Städteanlagen* (1924). 74, 103 : Hoepfner, Schwandner, 1994. 75, 76 : Th. Wiegand, H. Schrader, *Priene* (1904). 77 : W. Hoepfner, dans *Archäologischer Anzeiger,* 1996. 78 : G. Gullini, *La cultura architettonica di Locri Epizephirii* (1980). 79 : dessin J.-P. Adam. 84 : J. Kurtich dans *Samothrace, 7, The Rotunda of Arsinoe* (1992). 85 : Bingöl, 1980. 88 : H. Knackfuss, *Milet* I, 2 (1908). 89 : A. von Gerkan, *Milet* I, 6 (1923). 92 : R. Martin, *Architecture universelle, Monde grec* (1956). 93 : W. Hoepfner dans *Hermogenes und die hochhellenistische Architektur* (1990). 94 : R. Vallois, *Exploration archéol. de Délos,* VII, 1, *Le Portique de Philippe* (1923). 96 : Coulton, 1976. 97 : *L'Univers des formes, Grèce hellénistique* (1970). 98 : A. von Gerkan, W. Müller-Wiener, *Das Theater von Epidauros* (1961). 99 : A. von Gerkan, *Das Theater von Priene* (1921). 100 : Ginouvès, 1993. 101 : E. Dyggve, *Lindos* III, 1 (1960). 102 : F. Yegül d'après E. Dyggve *et al., Das Heroon von Kalydon* (1934). 104 : P. Fister dans Ph. Bruneau *et al., Exploration archéol. de Délos,* XXVII, *L'îlot de la Maison des Comédiens* (1970). 105 : Ph. Bruneau *et al., Délos, île sacrée et ville cosmopolite* (1996). 106, 107, 108 : Hoepfner, Brands, 1996. 110 : D. Giraud, *The Main Entrance to the Sanctuary of Eleusis* (1991). 112 : DAO Y. Montmessin, CNRS / Maison de l'Orient.

IMPRIMÉ EN FRANCE PAR BRODARD ET TAUPIN
Usine de La Flèche (Sarthe).
LIBRAIRIE GÉNÉRALE FRANÇAISE - 43, quai de Grenelle - 75015 Paris.

ISBN : 2 - 253 - 90544 - 5

42/0544/9